문화와 정체성

현대 러시아 문학과 연극이 던진 질문들

문화와 정체성
현대 러시아 문학과 연극이 던진 질문들

초판 인쇄 2016년 08월 24일
초판 발행 2016년 08월 31일

지은이 조유선

펴낸이 김선명
펴낸곳 뿌쉬낀하우스
책임편집 이은희
편집 김영실
디자인 박은비
주소 서울시 중구 동호로 15길 8, 리오베빌딩 3층
전화 02)2237-9387
팩스 02)2238-9388
이메일 pushkinbook@naver.com
홈페이지 www.pushkinhouse.co.kr
출판등록 2004년 3월 1일 제 2004-0004호

ISBN 978-89-92272-83-4 93920

Published by Pushkin House. Printed in Korea
Copyright ⓒ 2016 Pushkin House
              ⓒ 조유선

저작권법에 의해 보호를 받는 저작물이므로 무단 전재와 무단 복제를 금합니다.

문화와 정체성

현대 러시아 문학과 연극이 던진 질문들

조유선 지음

뿌쉬낀하우스

서문

　일찍이 서구에서 '문화(culture)' 개념은 계몽이나 교양의 의미를 형성하면서 서구 지식인들과 그들 문명을 정당화하는 목적에서 출발하였다. 특히 18세기 말 독일 지식인들은 문화(Kultur)를 철학과 문학, 예술 등에 걸친 '고상한 정신적 행위'로 규정지으며, 상류 귀족계급과 구분되는 '지적 활동가'로서의 자기 정체성을 확립하고자 시도했다. 근대 독일 철학에서 확립된 '인간 능력을 고양시키는 지적 행위'로서의 문화는 진보의 이데올로기를 함축하고 있는 것으로, 우리가 문화라는 말을 사용할 때 여전히 '고상하고 수준 높은 어떤 것'을 연상하는 계기로 작동한다. 19세기 후반 이래로 인류학의 형성과 발전, 그리고 일상사, 심성사, 미시사 등 역사학 연구 분야가 다양해짐에 따라 문화 개념은 보다 확장되고 풍부해진다. 여기서 문화는 가치의 영역을 넘어 일상과 생활 영역 전반을 아우르는 '삶의 총체적 방식'으로 이해되며, 모든 인간 활동을 포괄하는 가치중립적 의미로 사용된다. 이처럼 '고양된 정신적 행위'에서부터 '인간 활동의 총체적 산물'에 이르기까지 오늘날 문화는 그 개념의 스펙트럼과 실천의 장이 대단히 넓고 복잡 다양한 용어 가운데 하나이다.
　이렇듯 자연과 구분되는 '모든 인간적인 것'으로서의 문화는 신앙과 학문, 예술뿐 아니라 도구나 기술, 생산물, 소비재까지도 포함하는 총체적 관계 속 접촉과 교차의 결과이며, 그 자체로 시간과 공간의 제약을 받는다. 문화는 일정한 시간에 걸쳐 특정 집단 구성원들의 상호작용을 통해 만들어진 역사적 산물이다. 따라서 문화는 태생적으로 '나와 너', '자아와 타자', '우리와 그들'을 구별 짓고 식별하는 토대로 작용하며, 개인과 집단의 특수성, 사회적 주체로서의 정체성을 만들어 낸다. 일정 시간을 통해 축적된 문화적 습속과 특정 공간이 제공하는 문화적 환경은 한 국가나 민족의 정체성 형성에서 가장 중요한 속성으로, '문화정체성'이란 문화적 특수성이 낳은 공동체 구성원들의 주체적 사고와 정서적 유대감, 행동방식의 총화라 할 수 있다.

한편 개인과 집단의 상호작용을 전제로 하는 문화는 시간과 공간의 변동 속에서 다른 문화와 영향을 주고받으며 새로운 문화를 창출해 낸다. 특히 문화적 접촉의 강도와 변화의 정도가 클 경우, 이 같은 변동은 불안과 혼란, 충격을 야기하며, 극단적으로는 문화파괴와 정체성 위기를 가져오기도 한다. 여기서 파괴는 단지 기술적 차원이 아닌 그 문화를 토대로 성장한 사회적 주체의 정체성 위기와 상실이라는 문제로까지 나아간다. 이처럼 문화와 정체성의 관계는 시공간의 제약 속에서 끊임없이 해체되고 재구성되는 역동성을 전제로 한다. 20세기를 통해 사회주의 혁명(1917)과 소비에트 해체(1991)라는 거대한 두 차례 국가 정체(政體) 변환을 경험한 러시아의 사례는 문화정체성 논의와 관련해 매우 흥미롭고 주목할 만하다.

러시아 국장(國章)인 쌍두독수리 문양에서 드러나듯이 '유럽과 아시아, 이성과 감성, 문명과 야만, 정신과 영혼, 서구와 러시아'라는 이원성은 제정 러시아 이후 러시아 문화(Культура)를 대표하는 고유한 속성으로 인식되어 왔다. 물론 쌍두독수리 문장의 유래는 비잔틴제국으로까지 거슬러 올라가지만, '동과 서' 양쪽을 응시하는, 두 개의 머리를 가진 독수리의 이미지는 제정 러시아의 출범과 함께 불거진 러시아 이념의 대립 구도를 압축해 상징한다. 18세기 초 표트르 대제의 근대화가 불러온 '러시아 고유의 문화정체성 상실'이란 문제의식은 19세기 전체를 통해 서구주의자 대 슬라브주의자 간의 갈등과 대립을 낳았으며, 상호모순적인 이중성은 어느새 러시아 문화의 특성으로 자리매김되었다. 다양한 민족과 광활한 영토를 아우르는 러시아는 서양도 동양도 아닌, 동시에 서양이기도 하고 동양이기도 하기에, 그 문화의 정체성은 언제나 복잡함과 수수께끼의 연속선에서 지속적인 논쟁의 대상이 되었다.

 사회주의 혁명 이후 등장한 소비에트 체제는 혁명이 몰고 온 급격한 변화만큼이나 '러시아적인 것(Russianness)'에 대한 거부와 철폐를 내세우며 유토피아 사회건설을 약속한다. 그러나 시간이 경과함에 따라 새로운 통치체제는 이상과 현실이 괴리되고, 개인과 집단이 반목하는 모순적 대립 구도를 낳고 만다. 그 결과 공적 영역과 사적 영역의 구분 아래 다분히 수동적으로 생각하고 지극히 정치적으로 행동하는 '호모 소비에티쿠스(Homo Sovieticus)'가 만들어지며, 사회 전반에 만연된 공(公)/사(私)의 이중적 구조와 생활 양태는 소비에트 사회와 인간을 특징짓는 속성으로 자리 잡는다. 이 같은 특징이 고스란히 반영된 소비에트 문화계는 공식 문화(체제 지향의 어용 문화)와 비공식 문화(비판적 반체제 문화)라는 양립 구조로 재편되어, 상호 대립과 모순의 공존이라는 러시아 특유의 이원성을 또 다른 틀 속에서 재현한다.

　제정 러시아와 소비에트 체제로 이어지는 각기 다른 이중성의 축에서 더욱 주목해야 하는 것은 '인텔리겐치아(интеллигенция)'로 불리는 러시아 지식인의 역할이다. 베르쟈예프(Бердяев, 1990: 17)가 잘 지적했듯이 러시아 인텔리겐치아는 서구 지식인(intellectual)과는 기질적으로 구분된다. 후자가 흔히 말하는 지적, 창조적 활동에 종사하는 학자나 사상가, 예술가 등을 총칭하는 개념이라면, 전자는 무엇보다 민중에 대한 도덕적 책무와 사상적 이념, 나아가 이상향에의 종교적 염원을 지닌 러시아 특유의 지식인 계층을 일컫는다. 제정 러시아에서 인텔리겐치아가 사회적 자유를 잃은 러시아인의 운명 앞에서 그들이 짊어져야 할 윤리적 소명을 인식하고, '러시아가 나아갈 길'을 인도하는 민중의 지도자였다면, 소비에트 체제하에 그들은 공식 이데올로기와 어용 문화에 맞서, 정치적 자유를 위해 소비에트 안팎에서 반체제 운동을 주도했던 비공식 문화의 리더들이었다. 이들은 '러시아는 어디로 가는가(Куда идёт Россия)?', '누구의 죄인가(Кто виноват)?', '무엇을 할 것인가(Что делать)?' 등으로 대표되는 러시아 지성사의 '저주받은 질문들(проклятые вопросы)'에 매달려 일생을 바친 일종의 순교자라 할 수 있다. 19세기 말 '차르'의 이미지로 묘사된 톨스토이(Л. Толстой)의 캐리커처와 20세기 말 군중에 휩싸인 솔제니친(А. Солженицын)의 귀국 장면에서 알 수 있듯이, 이들 인텔리겐치아의 중심에는 항시 작가들이 위치해 있었으며, 러시아 문학의 비판 정신은 문화정체성 형성에서 막강한 견인차 역할을 담당해 왔다.

　고르바초프의 개혁·개방 정책과 소비에트 해체로 본격화된 포스트소비에트의 시작은 러시아 역사상 가장 급격한 문화변동과 정체성 위기를 수반한다. 이 시기 공식 이데올로기와 검열, 국가의 재정지원이 사라진 자리에 정치적 민주화와 서구 자본주의 경제논리가 들어서면서, 지식인 집단을 비롯한 러시아 문화계는 큰 혼란과 위기에 휩싸인다. 갑자기 몰아닥친 자유화와 상업화의 물결은 러시아인의 의식과 일상은 물론, 오랜 기간 정치적 비판세력으로 군림해 왔던 문화계 리더들의 역할과 존재 양식을 송두리째 바꾸어 놓았다. 이런 혼란의 와중에서 상업적 미국문화에 발 빠르게 적응하는 '호모 에코노미쿠스(Homo Economicus)'가 고도로 정치화된 '호모 소비에티쿠스'를 대치하며 새로운 러시아의 인간형으로 부각되었다. 작가와 예술가들은 오랜 규제와 검열의 압박으로부터 벗어나 창작의 자유를 구가하는 대신, 경제적 무능을 절감하며 생존의 문제로 허덕이게 되었다. '문학중심주의'의 전통 아래 제정 러시아와 소비에트 시기를 통해 과도하게 세력화된 러시아 지식인들은 한없이 추락하는 자신들의 위상을 뒤로한 채 경제적 곤궁함과 인텔리겐치아로서의 정체성 위기에 직면하게 된다.

다른 한편 이처럼 심대한 문화변동과 위기의식은 문화계 리더들로 하여금 당면한 현실을 직시하고, 상처 입은 자의식과 훼손된 문화정체성에 대한 진지한 질문을 던지게 만든다. 오랫동안 러시아 문화의 특성으로 간주되어 온 이원성의 구도가 무너진 포스트소비에트 사회는 확장된 장소성과 개방성을 특징으로 하며, 민주화와 상업화의 여파 속에서 서로 다른 가치와 상반된 관점, 다양한 생활양식이 혼재하는 복잡다단한 공간으로 파악된다. 이렇게 변화하는 문화 환경 속에서 새로운 러시아의 문화정체성은 역동적으로 재구성되며, 러시아 지성사의 그 유명한 '저주받은 질문들'은 '지금 이곳'을 파고드는, 더욱 정교한 방식으로 다시 제기된다.

　총 6장으로 구성된 이 책은 '문화와 정체성'이라는 큰 틀에서 현대 러시아 문학과 연극, 그리고 문화학의 영역에서 진행되고 있는 다양한 변화상과 그 함의를 고찰하고, 이를 통해 혼돈과 위기의 국면을 넘어 포스트소비에트 러시아에서 새롭게 형성되고 있는 정체성의 문제를 '문화의 사회통합적 역할'이란 관점에서 조명해 보는 것을 목적으로 한다.
　먼저 제1장은 '현대 러시아 문화의 정체성 연구'라는 장기적 과제의 서론적 성격을 띠는 것으로, 포스트소비에트 시기 러시아 문화계의 지각변동과 다양한 논의들을 시간과 공간의 측면에서 살펴본다. 덧붙여 이 시기 문화의 위기적 징후들이 가장 잘 표현되고 있는 문학계의 현황을 통해 문학이 표현하는 위기의 함의와 문화의 사회적 역할이라는 향후 연구 질문들을 도출해 본다. 제2장과 제3장은 이 질문들에 답하는 과정으로 문학고전의 의미와 가치, 그 쓰임새를 탐색하는 작업이다. 제2장에서는 포스트소비에트 문학을 대표하는 두 작품(마카닌의 『언더그라운드, 혹은 우리 시대의 주인공(Андеграунд, или Герой нашего времени)』과 펠레빈의 『'P' 세대(Generation 'П')』)을 통해 극도의 정체성 위기를 체험하는 작가들의 현주소를 살펴보고, 역설적으로 문학적 표현수단을 통해 현실에 맞서 미래에의 비전을 탐색해 본다. 그리고 제3장에서는 문학과 연극이 만나는 흥미로운 접점인 '고전의 무대화'를 도스토예프스키의 경우를 통해 분석한다. 포스트모던 시대 러시아 연극인들이 대문호의 고전을 통해 찾고자 하는 것은 무엇인지, '지금 이곳'의 관객들과 만나기 위해 어떤 새로운 무대를 만들어 가는지를 논의해 본다. 이는 고전의 보편적 가치와 여전히 유효한 그 쓰임새를 발견하는 창조적 작업이라 간주된다.

문학과 더불어 민족어의 계승과 발현을 중심에 두는 연극은 오늘날 문화정체성에 대한 모색과 관련해 가장 러시아적이면서도 가장 아방가르드적인 장르라 할 수 있다. 즉 문화 패러다임의 급격한 변화 속에서 고도의 테크놀로지를 수반하는 현대적 매체와 고전과의 만남을 잘 담아내는, 생명력을 상실하지 않은 채 '변하면서도 변하지 않는' 문화정체성에 대한 질문과 대답을 가장 능동적으로 제공하는 대표적 영역이다. 제4장에서는 포스트소비에트 시기 연극을 중심으로 한 러시아 공연문화의 현장을 문화를 생산하고 향유하는 방식, 문화적 습성의 변화라는 관점에서 고찰해 본다. 이 과정은 새로운 시기 공연문화의 변화상과 더불어 현대 러시아 문화정체성의 형성에서 연극의 위상과 역할을 총체적으로 규명하는 작업이라 할 수 있다. 제5장은 연극과 문화정체성의 긴밀한 관계를 연출가 도진과 그의 말리극장을 통해 조명한 것으로, 오늘날 세계 연극계의 리더로 부상해 이 시대 연극의 의미와 극장의 존재방식에 대해 진지한 질문을 던지고 있는 도진의 역할과 최고 앙상블로서 말리극장의 실체를 파악해 본다. 이는 서구연극계와 구별되는, 다른 발전사를 가진 러시아 극장문화의 저력과 가능성을 인식하는 기회가 될 것이다. 마지막 제6장에서는 현대 러시아 학문장의 변화와 새로운 학문으로 등장한 문화학의 실상을 그 등장 배경과 발전 과정, 특히 문화학과 문학의 관계를 중심으로 논의해 본다. 이는 오늘날 러시아에서 '생성 중인' 문화학이 자신의 인문학적 전통과 문학적 유산을 바탕으로 새로운 사회적 요구에 어떻게 대응하며, 학문의 자기정체성을 어떻게 구축해 가는지를 밝히는 적실성 있는 시도라 하겠다.

이 책은 지난 십여 년간 새로운 러시아의 '문화정체성 만들기 여정'을 연구한 결과물로, 2003년 이후 여러 학술지에 게재된 필자의 논문들(조유선, 2003; 2005; 2006a; 2006b; 2009; 2011)이 각 장을 구성하는 적절한 재료로 사용되었다. 동시에 이 책은 한국의 러시아 문학연구자인 '나' 자신의 학문적 정체성에 대한 번민과 문화적 실천의 산물이기도 하다. 주지하다시피 20세기 말부터 가속화된 문학의 위기는 비단 러시아만의 문제가 아니라 서구 선진국들을 포함한 전 세계적 현상으로 부각되었다. 세계화와 신자유주의의 여파는 전통적 지식생산의 장인 대학 내 구조조정을 야기했으며, 인문학 전공의 존폐여부와 인문학자들의 정체성 위기를 둘러싼 문제를 가중시켜 왔다. 한국은 어떤 의미에서 그 여파의 폐해를 가장 극심하게 경험하는 대표적인 공간이라 할 수 있다. 서구와는 다른 문제의식을 갖고(혹은 서구 이론에 맞서) 부단한 정체성 논의를 펼치고 있는 현대 러시아의 문화공간과 학문장(場)은 우리의 문제를 비춰 보기에 매우 유의미한 현장임에 틀림없다. 타문화인 러시아의 사례가 여전히 중요한 이유이다.

   이 책의 시작은 텍스트 분석에서 맴돌던 나의 문학연구방법론에 대한 회의에서 비롯되었다. 그 대안으로 역사적 산물로서 텍스트를 마주하며, 텍스트가 사회와 관계 맺는 여러 접점들을 문화연구라는 관점에서 조망하기 시작했다. 때론 텍스트가 탄생한 사회문화적 환경과 그것이 생산되고 향유되는 체계에 몰두하고, 때론 타 장르와 교류하며 재해석되는 맥락을 파헤치며 '작가(연출가, 자아)−텍스트(무대, 사회)−독자(관객, 타자)'로 연결되는 총체적 소통망을 읽어 내려 시도했다. 이 과정은 내게 문화와 정체성의 관계를 새로이 인식하는 계기를 마련해 주었으며, 문학

고전의 보편적 가치와 '지금 이곳'에서의 문화론적 쓰임새를 재발견하고, 그 실천을 위한 대안을 모색하는 더없이 소중한 시간이었다.

끝으로 한 권의 책으로 나오기까지 물심양면으로 도와주신 모든 분들께 진심으로 감사드린다. 특히 오랜 기간 재정과 공간 지원으로 지속적 연구를 가능하게 해 준 한국연구재단(구 학술진흥재단)과 국민대학교, 문화연구라는 더 넓은 학문장으로 이끌어 주시고, 지금껏 스승으로서 학문적 동반자로서 조언과 격려를 아끼지 않으시는 국민대학교 조중빈 교수님과 이혜경 교수님, 녹록지 않은 상황에서도 흔쾌히 출판을 허락해 주신 뿌쉬낀하우스 김선명 원장님, 그리고 꼼꼼한 편집으로 단아한 책을 만들어 준 김영실, 박은비 선생님께 깊은 감사의 인사를 전한다. 가족은 언제나 그렇듯 불편한 일상에도 찐한 공감의 대상이다. 원고 마감을 핑계 삼아 제대로 챙겨 주지 못한 사랑하는 그들에게 이 책을 바친다.

2016년 여름

조유선

차례

서문   005

제1장 포스트소비에트 문화와 '위기'의 문학   017
    1. 문화적 환경의 변화와 장소성   019
    2. 문화적 전통의 연속과 단절   025
    3. 갈림길과 '위기'에 선 문학   035

제2장 현대 러시아 소설에 나타난 작가의 초상:
       페트로비치와 타타르스키   052
    1. 문학을 숭상하는 나라   052
    2. 페트로비치 − 지하인간 혹은 '우리 시대의 주인공'   056
    3. 타타르스키 − 카피라이터 혹은 크리에이터   065

제3장 고전의 무대화와 도스토예프스키   080
    1. 극장의 부활과 고전의 무대화   080
    2. 도스토예프스키 소설의 무대화   084
    3. 현대 러시아 연극무대 위 도스토예프스키   093
       3-1. 네베지나의 「죄와 벌」   093
       3-2. 아르치바셰프의 「카라마조프씨네」   101

제4장 **공연문화의 변화상: 연극을 중심으로** 116
    1. 러시아 연극과 문화정체성   116
    2. 극장의 '페레스트로이카'와 재구성   119
    3. 레퍼토리의 다양화와 '고전의 무대화'   131
    4. 극장과 관객의 두 얼굴   138

제5장 **레프 도진의 '앙상블' 극장: 「형제자매들」을 중심으로** 151
    1. 20세기 연극과 새로운 극장   151
    2. 말리극장과 앙상블 – '연극-집', '연극-학교'   155
    3. 공동작업과 협업의 모험   164
    4. '연극계의 전설' 「형제자매들」   169

제6장 **현대 러시아의 학문구조와 문화학의 등장** 181
    1. 학문장의 재구성   181
    2. 러시아(식) 문화학의 등장과 발전과정   183
    3. 러시아(식) 문화학과 문학의 접점들   194

참고문헌   209
찾아보기   221

제1장

포스트소비에트 문화와 '위기'의 문학

소비에트 해체 이후 러시아가 처한 국내외적 상황에서 야기된 좌절감과 패배의식, 과거 소비에트 시절에 대한 왜곡된 집착 등이 정체성 위기를 불러온 것은 주지의 사실이다. 소비에트 말기의 악명 높은 줄서기 문화에서부터 1990년대 민주정치와 시장경제 개혁기의 러시아 상황은 그야말로 혼란과 위기의 연속이었다. '그림자 정권'이라고 불리는 마피아의 위세와 정권의 부패상, 상업적 미국 문화가 빚어낸 물질 만능주의의 확산, 급속한 경제상황의 악화에 따른 사회 안전망의 와해, 도덕의 실종, 빈곤과 범죄, 무질서 등 심각한 '시대의 질병'은 러시아 지식인들로 하여금 자국 문화의 정체성 논의를 끊이지 않게 만들고 있다.

그런데 포스트소비에트 시기 러시아가 당면한 이 같은 문제들은 2000년대에 들어와 다소 진정되는 국면에 접어들고 있으며, 위기적 상황 또한 표면적으로는 다분히 안정을 찾고 있는 모습이다. 특히 자국민의 전폭적인 지지에 기반을 둔 푸틴(В. Путин)의 리더십은 국내에서뿐만 아니라 국제무대에서도 제한적이나마 성과를 보이고 있다. 여기서 푸틴 정부와 최근 경제실적의 호조라는 변수 이외에 지금 상황의 상대적 안정을 설명할 수 있는 요인 중 하나로 '시간'의 문제를 들 수 있다. 즉 불안과 혼란의 치유에 있어 급조된 정책적 노력을 배제하는, 일견 비과학적인 이러한 논의의 근거는 집단 심리의 관점에서 – 약 20년 가까이 지속된 혼란에 대해 지쳐 있는 대중이 자연히 어떤 질서에 쉽게 합의할 수 있다는 – 도출될 수도 있겠지만, 그보다는 더 적극적이고 장기적인, 사회의 자기복원력을 담보해 내는 '문화의 통합적 역할'이라는 관점에서 접근해 볼 수 있다.

물론 공동체의 자기복원력이 아무런 노력 없이 시간의 경과에 따라 자연적으로 발생하는 것은 아니다. 더욱이 혼돈의 시기에는 그 사회의 국가적, 문화적 정체성을 거론하는 무수한 담론들이 쏟아져 나오면서 오히려 이런 자기복원력에 해를 끼치는 경우도 많다. 이 시기 러시아에서는 서구화 전략을 고수하는 '대서양주의'가 개혁에 박차를 가하는 반면, 놀랍게도 소비에트 체제로의 복귀를 주장하는 요구가 러시아 '민족주의'와 결합되어 등장한다. 또한 러시아의 우월성이라는 고전적 담론이 '범슬라브주의'적 사고, 다른 한편으로 '유라시아주의'의 부활을 담아내고 있기까지 하다. 이들 간의 논쟁은 이념적 색채를 띠기도 하지만 정치, 경제, 사회, 문화 각 분야에서 끊임없는 긴장관계를 형성하면서 충돌과 불안정의 원인을 제공하고 있다. 여기서 정체성의 문제는 이전의 그 어떤 시기보다도 심각한 위기에 노출되어 있다. 19세기 후반 지속적인 논쟁을 불러일으켰던 '러시아 이념(Русская идея)'의 요체가 서구주의자 대 슬라브주의자의 대립 구도를 토대로 전개된 것과는 달리, 포스트소비에트에서 정체성 논의는 훨씬 더 복잡한 양상을 드러낸다. 뮐러(1998: 27~41)가

지적하듯이 여기서 정체성의 문제는 단순한 이분법적 구도를 넘어 다양한 현실적 요소들의 공존으로 파악되어야 한다.

이 글에서는 포스트소비에트 시기 러시아 문화계의 지각 변동과 다양한 논의들을 공간과 시간의 비교 관점에서 살펴본다. 그런 다음 러시아 문화의 대표성을 띠는 동시에 포스트소비에트 문화의 위기적 징후들이 가장 잘 표현되고 있는 문학장(場)[01]의 현주소를 통해 문학이 표현하는 위기의 함의와 문화의 통합적 역할 관련 향후 연구 질문들을 도출해 보고자 한다. 이는 '현대 러시아문화의 정체성 연구'라는 장기적 과제의 서론적 성격을 띠게 될 것이다.

1. 문화적 환경의 변화와 장소성

주지하다시피 20세기 러시아 각각의 시기를 칭하는 제정 러시아와 소비에트 러시아 그리고 포스트소비에트 러시아의 장소적 외연은 일치하지 않는다. 한 나라의 문화정체성과 관련해 그 공간적 외형을 규정하는 비교적 간단한 문제에 있어서도 러시아는 하나의 답을 제공하지 못한다. 실제 대서양주의, 슬라브연합, 유라시아주의로 대표되는 러시아 내 각 세력은 자국의 정체성을 형성하는 공간에 대한 인식을 달리한다. 개방 이후 러시아 서쪽 지역에는 유럽의 영향이, 극동 지역에는 동아시아의 영향이 강하게 작용하고 있으며, 이슬람 문화권과의 갈등과 화해가 반복되는 실정이다.[02]

19세기 후반 서구주의를 연상시키는 대서양주의는 근대화 이론에 입각해 서구화 전략을 고수한다. 이 근대화 프로젝트는 개혁지향의 합리주의자들에 의해 주창된 것으로, 러시아의 고유한 역사성을 부정하고 서구 모델을 러시아에 이식시키는 것을 목표로 한다. 이 경우 근대화의 방향은 당연히 대서양과 유럽 지향으로 설정되며, 그 중심은 모스크바와 상트페테르부르그를 중심으로 하는 시베리아 서쪽으로 규정된다. 반면 러시아 정교문화에 토대를 둔 슬라브주의의 입장에서 그 공간은 정교문화권 전역으로 확대된다. 이 관점은 오랜 망명을 청산하고 돌아온 솔제니친의 등장으로 가시화되면서 '전통으로의 회귀'라는 방식으로 재주창된다. '보수 민족주의자'를 대표하는 솔제니친은 러시아와 우크라이나, 벨라루시의 슬라브연합을 강조하며, 러시아의 울타리에 인종적, 종교적, 지리적 특성을 공유하는 우크라이나와 벨라루시를 포함시킬 것을 제시한다(Солженицын, 1994: 174~176).

다른 한편 서구와 아시아를 아우르는 러시아의 교량적 역할을 꿈꾸는 유라시아주의의 입장에서 새로운 러시아의 공간은 더욱 확장된다. 이들 주창자는 문명의 다중심주의에 근거해 동서양을 넘나드는 유라시아로서의 러시아 문명을 내세우며, 다양한 가치를 통합한 문화로서의 러시아 문화의 위상과 그 역사적 사명을 염두에 둔다. 유라시아주의의 부활은 주로 소비에트 시기 고국을 떠난 망명 지식인들을 중심으로 전개되고 있다. 아시아와 유럽, 동서의 통합을 기대하는 이들의 관점에서 러시아의 경계는 소비에트 연방 전체를 포괄하게 되며, 나아가 슬라브 문화뿐 아니라 비슬라브 문화권(가톨릭, 이슬람, 불교 등)까지도 포함하는 실로 방대한 영역으로 확장된다(신범식, 1999: 387-409). 이처럼 포스트소비에트의 새로운 공간에서 서로 관점을 달리하는 지식인 세력들은 자국의 정체

그림 1-1 1990년대 러시아 사회의 가장 뜨거운 담론 주제 "러시아는 어디로 가는가?" 포스터

성이 미치는 장소에 대한 인식을 달리한다. 이들 주장의 현실성 여부를 떠나 유동적이고 다양한 공간적 외연의 규정은 포스트모던 시대 러시아 문화의 포용력을 드러내며, 새로운 문화를 창출하는 기회를 제공한다.

오늘날 러시아 문화의 정체성과 관련한 장소성의 문제는 과거 러시아와 소비에트가 아닌 포스트소비에트라는 보다 확장된 공간을 염두에 두어야 한다. 개혁·개방 이후 소비에트 이데올로기의 독주가 약화됨에 따라 문화 영역 또한 다각도의 변화를 경험하는데, 가장 큰 변화 가운데 하나로 검열 약화와 출판의 자유, 간행물의 확대를 들 수 있다. 마침내 1991년 소비에트 해체로 포스트소비에트라는 국면에 접어든 러시아 문화는 새로운 정치·경제 체제하에 재구성되기 시작하며, 그 변화는 무엇보다 문화와 정치권력의 관계를 통해 잘 드러난다. 과거와 달리 정권은 자신의 요구를 문화에 강요할 수 없게 되었으며, 이제 문화는 검열의 압박에서 벗어나는 대신 그동안 누렸던 안정된 수요를 포기해야만 했다. 중앙집권적 문화정책의 중심이 사라져 버린 상황에서 러시아 문화를 둘러씨 논의 또한 정치 세력의 다양함과 마찬가지로 서구 모델의 추종에서부터 보수적 민족주의, 고립주의에 대한 옹호에 이르기까지 다양하고 광범위한 스펙트럼을 형성한다.

문화 부문에서 공간적 외연의 확장은 일차적으로는 사라진 예술가들의 복원을 꾀한다. 소비에트 시기 러시아 독자들부터 잊혀진 망명예술가들의 이름과 작품이 복원되는가 하면, 모더니즘 시인과 작가들, 파스테르나크(Б. Пастернак)와 불가코프(М. Булгаков)를 비롯해 정치적, 미학적 견해차로 '사미즈다트(자가출판, Самиздат)'를 통해 작품을 유포시켰던 작가들에 대한 출판과 연구가 본격화된다. 과거 허가된 문학인 '소비에트-러시아 문학'만이 합법적인 것으로 자리매김하면서 '망명문학'과 '지하문학'은 배제된 채 비합법적 루트를 통해 유지되어 왔으나, 이제는 이들 모두가 러시아 문학장에 공개적으로 참여하게 된 것이다.

포스트소비에트의 문화 공간에는 러시아와 구소련 공화국들뿐 아니라 서유럽과 미국의 러시아 망명사회의 유산 또한 고려되어야 한다. 페레스트로이카 전까지만 하더라도 망명문화(혹은 재외 러시아문화)에 대한 언급은 공식적으로 금지되었으며, 서방에서 명성을 얻은 예술가들의 성과 역시 철저히 배제되었다. 이들은 고국에 있는 친척 및 지인들과의 만남은 물론이거니와 서신교환조차도 차단당한 채 한동안 잊혀진 존재에 불과했다(차긴, 1998: 51~52). 이런 상황은 개혁·개방을 기점으로 변화의 물꼬를 틔운다. 10월 혁명 전후 다양한 이유로 소비에트를 떠난 10명의 문화계 인사들이 1987년 소비에트 체제개혁 가능성에 대한 질문을 담은 서한집을 출판한 것을 계기로 망명자를 대하는 국내 반응이 변하기 시작한다. 연이어 해외 러시아 망명사회 문화와 그 성과물이 유입되면서 소비에트 말기 해외 정기간행물의 자유로운 판매가 허용되기에 이른다. 마침내 소비에트가 해체됨에 따라 망명문화에 대한 본격적 연구와 출판, 망명예술가들의 복권이 급속히 진행된다. 1993년 '러시아 망명문화의 유산(1917~1940)'이라는 타이틀로 모스크바에서 국제학술회의가 개최되었으며, 이듬해 동명의 노작이 두 권의 책으로 출판되었다. 망명문화의 유산과 관련해 괄목할 만한 성과는 문학에서 두드러지는데, 1990년대 전반에 걸쳐 망명문학 작품집과 연구 결과물들이 출판 붐을 이룬다. 20세기 초 러시아문학의 은세기를 주도했던 메레쥐코프스키(Д. Мережковский), 기피우스(Д. Гиппиус), 이바노프(В. Иванов), 부닌(И. Бунин)에서부터 나보코프(В. Набоков), 브로드스키(И. Бродский)에 이르기까지 한 세기를 장식한 망명문학은 이제 합법적인 러시아문학의 한 지류로 자리 잡게 되었다(김성일, 2001: 335~344; Соколов, 1991).

포스트소비에트의 확장된 문화공간에 등장한 또 다른 지류로 지하문화를 들 수 있다. 이는 소비에트 시기의 이념적, 정치적 제약으로 인해 소비에트 문화가 포용하지 못했던 여타의 공간, 특히 사미즈다트를 포함한다. 사미즈다트라 불리는 지하출판은 제정러시아 시절부터 형성되기 시작했으며, 소비에트 시기에는 '자가출판'이라는 형태로 강한 체제 저항적 성격을 띠고 있었다. 1934년 이후 소비에트 공식문학 및 예술 전반의 거대한 패러다임으로 군림해 온 사회주의 리얼리즘은 미학의 범주를 넘어 한 시대의 지배적 정치 강령으로 작용하였다. 반세기가 넘도록 소비에트 문화계에 드리워진 '철의 장막'은 페레스트로이카를 경험하면서 점차적으로 걷히게 되고, 동시에 오랜 세월 장막 뒤에 가려져 있던 지하 예술세계가 표면으로 부상하게 된다. 소비에트 시기 지하예술은 해빙의 징후들이 정체 국면에 접어들면서 등장하기 시작하는데, 특히 파스테르나크의 노벨상 수상 결정과 거부 사건 그리고 마네지 광장에서의 추상미술전 사건 등은 지하예술 형성의 결정적인 전기를 마련해 주었다.[03] 1970~1980년대 주로 소츠-아트와 개념주의 운동의 형태로 존재해 온 지하문화는 페레스트로이카를 계기로 공식문화의 장으로 편입된다. 이 지류에 속했던 작가들은 공개적으로 책을 출판함은 물론이거니와 정기간행물을 발간하는 등 러시아 포스트모더니즘의 선두주자로서 맹활약을 펼치고 있다.

위에서 언급한 망명문화와는 별개로 포스트소비에트에서 부각된 공간적 외연의 확장에 새로운 '재외 러시아문화'를 넣을 수 있다. 소비에트 해체 이후 많은 예술가들이 정치적이 아닌 다른 이유들(특히 경제적 이유)로 해외로 나가는 추세이며, 이 현상은 포스트소비에트의 위기로 인해 발생한 네 번째 망명의 물결에 비유된다. 이 물결은 과거 정치적 억압으로 인한 자발적 이주 혹은 강제적 추방, 모국어와 조국의 박탈을 배경으로 한 이전 망명과는 다른 분산의 패러다임을 형성한다. 새로운 망명의 물결은 주로 경제적 이유에서, 혹은 세계시민의 이상을 토대로 지리적, 문화적 경계를 가로지르려는 시도에서 비롯된 것으로 또 다른 재외 러시아 문화를 가능케 한다. 그런 의미에서 향후 한국도 포스트소비에트가 제공해 준 새로운 미지의 공간 중 하나라 할 수 있다. 포스트소비에트 문화는 이렇듯 확장된 공간적 외연과 개방성을 바탕으로 진행 중이며, 이 과정은 그 부정적 요소들에도 불구하고 러시아 문화의 포용력을 드러내는 유의미한 시간으로 축적될 것이다.

2. 문화적 전통의 연속과 단절

문화정체성과 관련해 전통의 연속과 단절이란 주제는 우선 시기 구분의 문제를 제기한다. 포스트소비에트는 정치적으로 소비에트 '정체(政體)'의 해체로 규정되지만, 문화적으로는 다른 기준을 필요로 한다. 이에 '미학적 다원주의'로 표방되는 포스트소비에트 문화에서 이전 시기와의 단절의 메시지는 무엇인지, 20세기 전체에 걸쳐 러시아 문화의 전통이 어떻게 계승되면서 표현되었는지 등이 제기될 수 있다. 동시에 포스트소비에트 문화를 소비에트의 해체라는 역사적 사건과 구분할 경우 과연 그 출발을 어디에 둘 것인가에 대한 시각 또한 일치된 것은 아니다. 그럼에도 그 문화의 주도적 흐름 가운데 하나로 러시아 포스트모더니즘을 상정한다면 논의를 진행할 수 있겠다.

일반적으로 문화예술에서 포스트모더니즘은 제2차 세계대전을 전후로 모더니즘에 대한 반발로 등장한 미국 및 서유럽 중심의 문화운동을 일컫는다. 러시아의 경우 일부 평론가들은 개혁·개방의 가속화와 소비에트의 몰락, 그로 인한 문화적 혼란과 충돌의 시기를 거치며 등장한 새로운 예술에 대해 포스트모더니즘이란 용어를 즐겨 사용한다. 또한 이 개념은 소비에트 시기 문화이념을 주도했던 사회주의 리얼리즘이 효력을 상실함에 따라 러시아 문화예술에서 나타난 새로운 문화운동이자 경향을 가리키기도 한다. 그런데 사회주의 체제를 벗어난 지 얼마 되지 않은, 80년대 후반까지만 하더라도 자국 내에서 금기시되었던 이 개념이 어떻게 러시아 사회에 그토록 빨리 수용, 확산될 수 있었을까? 이와 관련해 다음과 같은 문제점들을 정리해 볼 수 있다: '러시아 포스트모더니즘의 특징은 무엇이며, 그 시작은 언제부터인가?' 보다 근본적으로 '러시아에 과연 포스트모더니즘이 있는가?' 만일 있다면 이는 '러시아의 자생적 문화현상인가, 혹은 서구로부터의 수입인가?' 그리고 '서구와 러시아 포스트모더니즘은 어떠한 유사점과 차이를 드러내는가?' 등.

포스트소비에트 문화를 러시아 포스트모더니즘과의 관계 속에서 그 전통의 연속과 단절을 살펴보는 작업은 러시아 국내외 문화연구가들의 다양한 논의를 통해 검토 가능하다. 여기서 논의의 중심은 러시아와 서구 포스트모더니즘의 비교, 20세기 러시아 문화의 흐름인 모더니즘과 사회주의 리얼리즘 그리고 포스트모더니즘의 연장선에서 전통의 계승과 단절의 문제로 모아진다. 특히 20세기 문화학자인 그로이스(B. Groys)와 엡쉬테인(M. Epstein) 그리고 리포베츠키(M. Lipovetsky)는 러시아 포스트모더니즘 문화에 대한 독창적이면서도 각각 다른 흥미로운 관점을 제시한 것으로 유명하다. 이들 세 연구자의 주장을 살피기에 앞서 러시아 포스트모더니즘의 기원에 대해 잠시 들여다 보자.

사실상 러시아 포스트모더니즘은 사회주의 리얼리즘의 '유토피아와 신화화'에 대한 해체를 주도했던 1970~1980년대 '소츠-아트(Sots-art)'와 '모스크바 개념주의(Московский концептуализм)'에 근원을 두고 있다. 러시아에서 포스트모던적 흐름은 소비에트 말기 서구 자본주의 문화의 유입에 따라 사회주의 리얼리즘 원칙이 점차적으로 해체되면서 형성된 '사회주의 리얼리즘 문화의 폐허'를 반사하는 문화현상이라 할 수 있다. 1970년대 초 소비에트 젊은이의 반항의 상징인 소츠-아트는 사회주의 리얼리즘과 팝아트의 합성어로, 사회주의 리얼리즘의 예술 강령으로부터 벗어나 탈스탈린 미학과 서구 대중예술인 팝아트의 영향을 받은 비공식 예술의 분위기를 반영한다. 소츠-아트는 소비에트 이데올로기에 대한 반체제적 성격을 띠는 동시에 탈유토피아 예술

그림 1-2 '코카콜라는 레닌도 좋아한다'는 풍자를 담은 '소츠-아트' 포스터

의 연장선에 놓인 것이기도 하다. 불라토프(Е. Булатов), 코마르(В. Комар), 카바코프(И. Кабаков), 소로킨(В. Сорокин), 프리고프(Д. Пригов) 등으로 대표되는 소츠-아트 작가들은 신고전주의풍의 정밀한 묘사로 소비에트 이데올로기를 상징하는 시각적 이미지를 풍자, 패러디, 희화화한다(Курицин, 1992; 1998).

탈유토피아 예술과 비공식 문화운동으로서 소츠-아트의 활동은 1980년대 개념주의 예술로 이어진다. 모스크바 개념주의는 개혁·개방 전후로 도입된 서구 개념주의 예술의 영향 아래 소비에트 예술개념에 나타난 상징조작과 신화화를 해체하는 경향을 일컫는다. 일반적으로 서구 개념주의는 예술에 대한 과거의 인식에서 벗어나, 예술이라는 '개념 자체'를 가장 중요한 요소로 간주하는 반미학적, 반유미주의적 특징을 보인다. 반면 모스크바 개념주의는 사회주의 리얼리즘이 형성한 이미지와 상투적 표현에 대한 반작용을 낳으며, 반소비에트적 비공식 문화의 지류로 자리 잡는다. 이는 소비에트 유토피아로부터의 일탈 혹은 소비에트 이데올로기 기호에 대한 개념적 놀이의 하나로 진행되며, 여기서 개념은 그

그림 1-3 '모스크바 개념주의' 작가 카바코프 작업실. 왼쪽에 카바코프, 오른쪽에 불라토프의 캐리커처가 그려져 있다.

이데올로기를 담고 있는 텍스트 속에 아무런 실체가 없음을 확인하는 것, 즉 '부재'와 '텅 빔'을 인식하는 것이다. 빅토르 예로페예프(Вик. Ерофеев), 포포프(Е. Попов), 비토프(А. Битов), 톨스타야(Т. Толстая) 등으로 대표되는 모스크바 개념주의는 서구 포스트모더니즘과 유사한 특징을 갖는 반면, 소비에트 현실 속 개념들이 결국 '텅 빈 것'이라는 사실을 들추어낸다는 점에서 차이를 보인다(이덕형, 2001: 448~455; Бобринская, 1994).

러시아 태생으로 독일에서 활동 중인 그로이스는 『아방가르드와 현대성』에서 혁명 이후 최근까지 러시아 문화 전반에 흐르는 20세기 초 러시아 아방가르드의 영향에 주목하면서, 문학과 정치의 항구적 긴장 관계를 조망한다. 여기서 그로이스(1995: 17~33, 131~141)는 전통의 연속이란 일관된 구도 속에서 러시아 포스트모더니즘의 특징을 밝히고 있다. 그에 따르면 러시아 포스트모더니즘의 근원인 1970~1980년대 비공식 예술, 즉 소츠-아트와 개념주의는 아방가르드나 사회주의 리얼리즘의 유토피아와 구별되는 탈유토피아 예술을 지향한다. '예술의 정치화'를 내세웠던 아방가르드와 '정치의 예술화'로 변질된 사회주의 리얼리즘이 유토피아의 신화를 만들었다면, 소츠-아트와 개념주의 예술은 그 신화를 해체하고, 그 배경과 허상을 폭로하는 일종의 '신화화'를 목적으로 한다. 나아가 두 경향은 유토피아를 거부한다는 의미에서 서구 포스트모더니즘과 유사함을 보이나, 다른 한편 러시아 아방가르드와 스탈린의 유산을 결코 외면하지 않은 채 적극적인 성찰의 대상으로 삼는다는 점에서 "스탈린 시대 총체적 예술작품의 수용(스탈린 프로젝트의 완성)"에 비유된다.

이러한 맥락에서 그로이스는 러시아 아방가르드와 사회주의 리얼리즘, 포스트모더니즘을 전통의 계승이라는 하나의 연속선상에서 바라본다. 그는 모더니즘 전통과의 단절로 평가되어 온 사회주의 리얼리즘을 '아방가르드 프로젝트의 정치적 실현이자 계승'으로 파악하며, 러시아 포스트모더니즘 역시 서구의 그것과는 달리 모더니즘에 대한 반발이기보다는 탈유토피아 예술의 연장선에 위치하는 포스트 유토피아적 상황의 하나로 간주한다. 서구와 달리 러시아 탈유토피아 예술가들은 아방가르드를 상징하는 창조자나 '예언자로서의 예술가' 신화를 자신들의 테마로 답습하며, 스탈린적 방식을 차용해 동시대인들이 사로잡혀 있는 포괄적 신화의 그물망을 재구성한다. 스탈린 신화를 비판하고 폭로하는 이러한 작업은 '탈신화화'라기보다는 오히려 '재신화화'에 더 가깝다. 그러기에 스탈린 프로젝트를 극복하려는 1970년대 탈유토피아 예술의 시도는 아이러니컬하게도 바로 치명적인 방식(러시아식)으로 그 프로젝트를 되풀이한 셈이다.

또한 그로이스는 소비에트 이데올로기가 포스트모더니즘과 유토피아적 특성을 공유하며, 공식적인 소비에트 문화는 그 본질상 적어도 스탈린 시대 이래로 절충적이고, 인용적이며, 포스트모더니즘적이라 주장한다. 즉 사회주의 리얼리즘에 이미 포스트모더니즘의 맹아가 들어 있다는 것이다. 그에 따르면 사회주의 리얼리즘은 20세기 초 모더니즘의 새로운 실천적 변형인 동시에 포스트모더니즘의 특징을 잉태한 절충의 산물이다. 이처럼 러시아적 전통의 계승을 피력하는 그로이스의 관점은 서구적 진보와 구분되는 러시아식 진보(국수주의적 입장)에 대한 자신의 비판을 담은 것이라 할 수 있다.

미국에서 활동 중인 옙쉬테인 역시 전통의 연속이란 측면에서 서구와 구별되는 러시아 포스트모더니즘의 특징에 주목한다. 『미래 이후(After the Future)』에서 그는 마치 베르쟈예프(Бердяев, 1990: 7)가 공산주의 개념이 서구에서 도입되었으나 이미 러시아 내부에서 그 기원을 찾을 수 있다고 한 것과 마찬가지로, 러시아 포스트모더니즘 또한 서구의 영향을 받았으나 그 민족적 전통 속에서 자생적 뿌리를 발견할 수 있음을 강조한다. 옙쉬테인은 러시아 포스트모더니즘의 가장 중요한 특징으로 '시뮬라크르(simulacre)'의 우세를 든다. 그리고 그것을 포스트모던 사회의 새로운 현상이기보다는 러시아 역사에서 끊임없이 반복되어 온, 그 문화 내부에 오랜 뿌리를 두고 있는 러시아적 현상으로 바라본다. 그에 따르면 러시아 역사에서 리얼리티란 항시 통치자나 정치 엘리트의 이데올로기가 반영된 것으로, 이 같은 이데올로기적 이상이 일정한 주기로 현실을 대치해 왔다. 그 결과 인위적이며 가공된 이른바 '하이퍼-리얼리티(hyper-reality)'가 생산된 것이다. 러시아 역사에서 블라디미르 대공의 정교 도입과 표트르 대제의 서구화 개혁, 스탈린의 소비에트 체제 그리고 포스트소비에트의 도래로 이어지는 일련의 분기점은 그 결과 통치 이데올로기에 의한 리얼리티의 소멸과 하이퍼-리얼리티의 출현을 만들어

냈다. 일찍이 러시아를 여행한 프랑스 외교관 쿠스틴(M. Custine)은 러시아의 근대화가 낳은 시뮬라크르 현상과 관련해 19세기 초반 러시아를 가리켜 '카탈로그의 제국'이라 칭한다. 실재가 아닌 이름(개념)만으로 진행된 개혁은 러시아 포스트모더니즘의 특징으로, 기념비화된 소비에트 리얼리티의 부재를 폭로한 개념주의 예술은 "나머지 삼면이 없는 전면들만의 집합체"에 비유된다(Epstein, 1995: 187~197).

그로이스가 사회주의 리얼리즘을 러시아 아방가르드의 유토피아적 세계관의 연속으로 파악했다면, 엡쉬테인은 소비에트 이데올로기의 유토피아적 성격을 인정하면서도 스탈린주의 미학이 반모더니즘의 기치를 분명히 내걸었음을 주장한다. 따라서 그는 사회주의 리얼리즘이 아방가르드 프로젝트의 연장이라는 그로이스의 견해에는 비판적 입장을 취한다. 다른 한편 엡쉬테인은 사회주의 리얼리즘과 포스트모더니즘의 관계를 대립 혹은 후자에 의한 전자의 해체가 아닌, 후자를 전자에 의해 만들어진 동일한 예술정신이 낳은 발전된 무대로 간주한다. 즉 자생적 문화 전통에 깊이 뿌리내린 단일 이념 패러다임의 요소들로 파악한다. 엡쉬테인의 표현대로 사회주의 리얼리즘은 "다양한 스타일을 통해 얻은 방법의 통일체"로, 전통적 혹은 모던적 의미로 독특한 예술운동이 아닌, 온갖 다양한 스타일들이 '혼성곡'을 위해 새로운 공간에서 창출된 일종의 포스트모던적 현상인 셈이다. 물론 엡쉬테인은 사회주의 리얼리즘이 거대담론과 영웅서사를 토대로 한 유토피아를 표방한 것이기에 포스트모더니즘의 전형적 특징인 유희와 아이러니가 결여되어 있음을 지적한다. 그럼에도 그는 사회주의 리얼리즘의 포스트모던적 성격에 더 무게를 실으며, 그것을 "모더니즘에서 포스트모더니즘으로 이행하는 최초의 무대"이자 "모더니즘의 얼굴을 한 포스트모더니즘"이라 규정한다(Epstein, 1995: 205~207).

옙쉬테인 견해의 또 하나 흥미로운 점은 소츠-아트와 개념주의 예술이 해빙 직후에 부활된 네오모더니즘(neo-modernism)에 대한 거부에서 나온 것이라는 주장이다. 1970~1980년대 카바코프, 프리고프 등으로 대표되는 포스트모던 세대는 전형적인 소비에트식 삶의 방식과 사회주의 리얼리즘 예술에 대한 모종의 향수를 느낀다. 반모더니즘적 정서란 측면에서 사회주의 리얼리즘은 개념주의에 더 가까우며, 여기서 둘은 고도로 관례화된 기호적 장치들, 의미가 배제된 일련의 상투어와 관용구를 공유한다. 이 같은 옙쉬테인의 입장은 러시아 포스트모더니즘이 모더니즘과 단절되었으며, 시간적 공백으로 인해 모더니즘에 대한 반발과는 무관하다는 리포베츠키의 주장과 묘한 대조를 보인다.

전통의 연속이란 관점을 취한 그로이스나 옙쉬테인과는 달리, 리포베츠키는 연속과 단절의 조화라는 입장에서 러시아 포스트모더니즘과 사회주의 리얼리즘 그리고 모더니즘과의 연관성을 파악한다. 그는 두 비평가의 견해를 서구 이론을 러시아 문화에 그대로 적용한 것이라 비판하면서, 서구 이론과 러시아의 자생적 발생 간의 균형을 통해 그 뿌리를 찾고자 한다. 이를 위해 리포베츠키는 20세기 말 학계에 널리 알려진 두 가지 개념 모델, 즉 '카오스 이론'과 바흐친의 '대화주의'를 결합시킨 '카오스와의 대화(Dialogue with Chaos)'란 표현으로 러시아 포스트모더니즘의 특성을 규정한다. 여기서 카오스란 자생력을 가진 '체계로서의 카오스', 즉 에코(U. Eco)가 현대예술의 불확정성을 가리켜 쓴 '카오스모스(Chaosmos)'라는 관점과 유사한 것으로, 이를 러시아 문화의 새로운 예술적 전략으로 바라본다(Lipovetsky, 1999: 7~9).

무엇보다 리포베츠키는 러시아 포스트모더니즘과 모더니즘의 관계를 서구의 그것과 구별한다. 서구에서 포스트모더니즘은 모더니즘에 대한 반발과 대립에서 등장한 반면, 러시아에서 모더니즘은 볼셰비키 혁명과 스탈린 체제로 인해 단절된 먼 과거의 유산이다. 따라서 러시아 포스트모더니즘은 안티모더니즘 성향을 띠기보다는 소비에트 사회와 그 미적 강령인 사회주의 리얼리즘에 대한 반작용에 더 가깝다. 한편 소비에트 시기 모더니즘의 유산은 외형적 단절의 운명을 겪으면서도 비공식 루트를 통해 그 맥이 계승될 수 있었다. 아이러니컬하게도 해빙과 개방을 맞이해 모더니즘 전통은 과거의 산물이 아닌 참신하고 새로운 미학으로 받아들여져 제2의 전성기를 맞는다. 그로이스나 옙쉬테인과 마찬가지로 리포베츠키 역시 러시아 포스트모더니즘의 뿌리를 소츠-아트와 개념주의 예술에 두고 있다. 그러나 이들과 달리 그는 소비에트 말기 비공식 예술이 처한 두 가지 모순적 상황에 주목한다. 즉 단절된 모더니즘 전통을 부활시켜야 할 필요성이 요구되면서도, 동시에 오랜 시간 군림했던 전체주의 미학의 영향 아래 모더니즘의 복원이 사실상 쉽지 않다는 인식이다. 러시아에서 포스트모더니즘은 20세기 후반 전 지구적 현상인 동시에 오랜 전통 속에 잉태되어 온 러시아 현실문화의 산물이기도 하다. 전 지구적인 것과 자생적인 것을 두루 아우른다는 점에서 포스트모더니즘 작품들은 '모더니스트 진화의 내적 법칙'을 구현한 1920년대 메타소설과 유사성을 갖기도 한다. 리포베츠키는 이런 맥락에서 서구와는 다른 러시아 포스트모더니즘을 구별 짓는다.

사회주의 리얼리즘과 포스트모더니즘의 관계에 대해서도 그는 앞선

두 연구자와 의견을 달리한다. 리포베츠키에 따르면 전자는 절대적 현실에 대한 종교적 신념(일종의 이데올로기적 신비)을 지향하는 것에 반해 후자는 시뮬라크르적 인식을 수반한다. 사회주의 리얼리즘의 시뮬라크르적 인식이 이전 경험과 연관되어 있긴 하지만, 그 담론 내에서 시뮬라크르는 결코 작동되지 않는다. 즉 1920~1930년대 모더니즘계열의 메타소설이 비록 전체주의 시뮬레이션의 압력하에 발생한 문화적 변형이라 할지라도 결코 사회주의 리얼리즘에 속하는 것은 아니다. 따라서 사회주의 리얼리즘이 포스트모더니즘에 끼친 영향은 직접적 원천으로서가 아니라 일종의 가상 콘텍스트로서의 영향이라는 주장이다(Lipovetsky, 1999: 11~12).

리포베츠키가 바라본 러시아 포스트모더니즘은 우선 모더니즘의 부활을 기획한다. 동시에 리얼리티와 주체의 실종 뒤에 숨어 있는 그 내적 메커니즘을 밝히고, 시뮬라크르 생산과정 자체를 파괴시키기 위한 모던적 전망에서 사회주의 리얼리즘을 재해독한 결과다. 여기서 포스트모더니즘의 역설을 재차 확인할 수 있다. 그럼에도 불구하고 왜 러시아 포스트모더니즘은 일종의 네오모더니즘이 아닌 결국 포스트모더니즘일 수밖에 없는가? 서구의 그것과 다시 어떻게 다른가? 라는 질문으로 돌아가게 된다.

앞서 언급했듯이 리포베츠키는 러시아 포스트모더니즘을 '새로운 예술적 전략으로서 카오스와의 대화'라 규정한다. 이는 새로운 학문적, 문화적 패러다임인 '카오스모스' 이론을 염두에 둔 것으로 질서와 무질서의 조화, 카오스와 코스모스의 대화적 교차를 특징으로 한다. 포스트모더니즘이 아방가르드식 실험을 계승한 듯 보이나, 그 차이점은 바로 '대화주의'를 끌어안는 데 있다. 포스트모더니즘은 우선 카오스에 대한 모던적 예술개념의 완결성과 대상성을 허무는 것이다. 대화주의 문맥 내에서 카오스는 항시 반격의 대상이라기보다는 그 자체가 예술가와의 대화에 동등하게 참여하는 하나의 대상인 셈이다. 더 중요한 것은 이러한 대화가 예술가의 위치를 변화시킨다는 관점이다. 포스트모더니즘의 본질은 카오스와 코스모스의 극단적 대립을 극복하고, 독창적 조화를 구하는 문화적, 철학적 기획에 있다. 이에 리포베츠키는 리오타르(J. Lyotard)의 배리(背理, paralogy)[04] 개념을 빌어 '모든 포스트모던적 합의는 배리적'이며, 합의를 위한 '비합리적 조합'의 고려 없이 러시아 포스트모더니즘을 이해한다는 것은 불가능함을 강조한다.

살펴보았듯이 러시아 포스트모더니즘을 둘러싼 세 연구자의 입장은 서구와는 다른 러시아적인 것의 변별적 형질을 밝히려는 시도를 공유한다. 반면 서로 다른 특징들에 무게를 두면서 모더니즘과 사회주의 리얼리즘, 그리고 포스트모더니즘을 관통하는 전통의 연속과 단절이란 측면에서 견해차를 드러낸다. 이들의 주장이 유사한 동시에 다른 만큼, 다양하고 상반된 관점이 공존하는 포스트소비에트 문화의 풍경을 그려낼 수 있다.

3. 갈림길과 '위기'에 선 문학

포스트소비에트 문화는 어떤 경험을 하고 있는가? 이는 전통과 단절된 혼란스런 상황이자 이전 경험에 대한 전적인 거부인가, 아니면 전통의 또 다른 연속인가? 오늘날 전개되고 있는 것은 병든 문화인가, 아니면 새로운 것을 찾기 위한 통과의례인가? 이 같은 문제 제기를 둘러싼 다양한 창작 및 논쟁들은 문학 분야에서 가장 첨예한 양상을 보인다. 이 장에서는 일종의 '무산(霧散)구조'를 연상케 하는 최근 10여 년간 문학장의 주요 경향과 쟁점을 살펴봄으로써, 정체성 위기와 갈림길에 놓인 러시아 문학의 현주소를 파악해 본다.

주지하다시피 포스트소비에트 문화의 지각변동은 개혁·개방을 기점으로 급격히 진행되었다. 물론 고르바초프의 문화정책에 나타난 자유화 기조는 쓰러져 가는 소비에트 사회를 일으켜 세우려는 정치적 목적에서 비롯되었으나, 일련의 개혁 조치들이 발표됨에 따라 러시아 문단은 본질적인 변화를 경험하기 시작했다. 이는 이전까지 러시아문학의 주도적 위치를 점해 왔던 사회주의 리얼리즘 양식의 해체를 의미하는 것이자 과히 혁명적인 것이었다. 이 시기 문학장에서 전개된 급격한 변화 양상은 20세기 초 일대 지각변동을 경험한 혁명 직후의 그것에 비교될 정도로, 이전 예술경험과의 단절, 그 경험으로부터의 심각한 이탈 논란을 불러일으키는 가운데 다양한 문화예술 현상이 출현하는 일종의 '미학적 다원주의'를 연상시킨다.[05] 1990년대 들어와 소비에트의 실질적 해체와 새로운 경제정책은 출판업의 위기를 야기했다. 페레스트로이카 이후로 점점 느슨해져 가던 규제와 검열이 소비에트의 해체로 완전히 사라져 버린 반면, 작가들은 예측 불가능한 시장경제 체계 속에서 보이지 않는 압력과 혼란스러운 자유를 떠안으며 그동안 누려 왔던 온갖 혜택들을 환원해야만 했다. 권위와 전통을 자랑하던 유수한 문예지들은 재정 악화로 제때 발간되는 예가 드물었으며, 발행 부수 역시 급격한 감소를 보였다. 대중의 독서 취향 또한 변모함에 따라 자극적인 흥미 위주의 대중문학이 득세하면서 상업성에서 밀린 순수문학은 더욱 설자리를 잃게 되었다.

작가와 출판계가 당면한 이러한 위기 상황은 '문학의 역할'에 대한 성찰과 더불어 문학의 '다른' 기능을 토로하게 만들었다. 빅토르 예로페예프(Ерофеев, 1990: 8)는 1990년 7월 4일자 「문학신문(Литературная газета)」에 실린 자신의 논문 '소비에트 문학의 추도식(Поминки по советской литературе)'에서 문학의 '다른' 역할에 주목하며, 포스트모던적 글쓰기에 입각한 새로운 문학의 도래를 공표한다. 그는 소비에트 문학사의 흐름을 크게 세 장르, 1) 어용 문학(스탈린주의의 전통과 30-40년대 확립된 '당파성' 원칙에 입각한 사회주의 리얼리즘을 표방하는 문학. 새로운 인간형인 '호모 소비에티쿠스(homo sovieticus)'의 창조에 몰두한 결과 전체주의 사회의 붕괴를 초래함), 2) 농촌 문학(민중들의 힘과 슬라브 정서를 되찾고자 한 결과 오히려 야릇한 민족주의적 색채로 퇴색함), 3) 진보 문학(지나치게 '정의'의 이름에 몰두한 결과 사회의 판관을 자처하는 도덕적, 교훈주의에 빠짐)으로 구분한다. 이들 모두는 그 차이점에도 유토피아 문학이란 점에서 비판의 대상이 되는데, 예로페예프는 유토피아를 지향해 온 소비에트 문학에서 러시아 고전의 특징이랄 수 있는 초도덕주의가 여전히 우세하며, 19세기 고전은 그런 의미에서 가장 심각한 형태로 이러한 '시대의 질병'에 포획된 것이라 주장한다. 예로페예프가 바라본 포스트소비에트 문학은 '다른' 미학적 과제를 행해야 하는 것이기에, 전통의 죽음을 선언하는 이 '추도식'은 포스트모던적 유희의 '행복한 추도식'이자 새로운 문학의 탄생을 선포하는 것이다.

이전과는 다른 사회문화적 상황에 대한 인식은 페레스트로이카를 전후로 전통적인 소비에트 문단에서 이미 제기되어왔다. 1987~1988년에 걸쳐 「문학신문」에 사회주의 리얼리즘의 당면문제에 대한 일련의 논쟁이 게재되었으며, 특히 1988년 4월 13일자 논쟁 란에는 "사회주의 리얼리즘: 미결의 문제들(Социалистический реализм: спорные проблемы: 1988)"이란 제목하에 현존하는 문예학자들(В. Захаров, М. Гиршман, В. Тюпа, В. Прозоров, В. Курилов и др.)의 논평이 실려 있다. 여기서 논의의 초점은 사회주의 리얼리즘의 정체로부터 벗어나는 새로운 문학 개념과 방법의 모색으로 모아지며, '새로운 리얼리즘'의 탐구에 대한 가능성이 이미 제기되고 있다. 그 가운데 발표된 예로페예프의 논문은 수년간 지속되어 온 사회주의 리얼리즘 논쟁에 일종의 종지부를 찍는 것으로, 포스트소비에트 문단의 많은 반향을 불러일으켰다.[06]

포스트소비에트 시기에 등장한 '다른', 새로운 문학을 들여다 보자. 소비에트 시기 지하문학인 소츠-아트와 개념주의에 뿌리를 두고 있는 러시아 문학의 포스트모던적 경향은 전통적 문학구조가 지닌 틀에서 벗어나 독창적인 테마와 문체, 기법 등을 통해 현대 아방가르드로 평가받는다. 모더니즘에 대한 직접적 반발로 등장한 서구 포스트모더니즘과는 달리 러시아 포스트모더니즘은 러시아 사실주의 문학전통과 사회주의 리얼리즘에 대한 위기의식에서 나온 것이자, 다른 한편 러시아 모더니즘의 계승과 변형, 탈피라는 복잡한 관계를 형성한다. 고전문학을 전면적으로 거부한 모더니스트들과는 달리 포스트모더니스트들은 이를 '재활용의 재료'로 적극 활용하며, 그럼에도 사실주의 전통인 종교적, 윤리적, 계몽적 태도는 철저히 거부한다. 새로운 문학을 주창하는 이들 작가는 더 이상 인간 영혼의 심연과 종교적, 윤리적 세계관을 설파하는 교사, 판관, 예언자의 위치를 거부하며, 기존 장르와 문체, 언어에 대한 일종의 유희자, 아이러니스트로 활약한다. 빅토르 예로페예프, 소로킨, 베네딕트 예로페예프(Вен. Ерофеев), 소콜로프(С. Соколов), 펠레빈(В. Пелевин), 톨스타야 등으로 대표되는 '다른' 문학은 소비에트 이데올로기와 사회주의 리얼리즘 예술개념에 나타난 상징조작과 신화해체를 목표로 다른 테마와 문체, 기법에 도전한다.[07]

이들 작가의 작품에는 소비에트 해체 이후에 찾아오는 이데올로기적 공허함과 박탈감, 부재와 '텅 빔'의 인식, 이로 인한 '카오스적 몽환감', 안개 같은 혼미함 등이 주제로 등장한다. 이러한 흔들림의 뿌리는 현실이라 부르는 '리얼리티'의 상실감(러시아의 경우 이러한 상실은 현대문명의 이기에 의한 공동의 체험이라기보다는 소비에트의 사라짐과 소멸에서 비롯함)에서 찾을 수 있다. 여기에 전 지구적 현상인 가상현실, 즉 보드리야르가 말하는 '시뮬라크르'의 영향도 더해진 상태라 할 수 있다. 엡쉬테인은 이러한 소멸을 가리켜 마치 도스토예프스키(Ф. Достоевский)가 상트페테르부르그의 몽환 속에서 보았던 추상과 허위, 그리고 소비에트 이데올로기의 상징이 환영이자 '텅 빔'에 불과함을 확인한 것이라 주장한다. 서구 포스트모더니즘이 현실 그 자체보다 더욱 현실적인 '하이퍼 리얼리티'를 언급한다면, 러시아 포스트모더니즘은 현실 그 자체의 공허함을 체험하는 것이라 할 수 있다. 그 체험을 통해 러시아 포스트모더니스트들은 유동적인 것, 실재 윤곽 속에 언어의 개념으로 포획할 수 없는 비실체적 환각의 무력함, 실재와 환상 사이의 머뭇거림, 신화적 환상과 변신, 빈곤과 범죄, 섹스, 불합리 등과 같은 현대 러시아 사회의 '불길한' 풍경들을 그려 낸다. 이는 그들의 눈에 비친 러시아의 현실적 이미지이자 시장경제 체제에 내던져진 러시아의 실체라 할 수 있다. 따라서 그 경험의 표현에는 전통적 구성 기법이 아닌 언어유희와 아이러니, 패러디, 혼성모방 등으로 이루어진 새로운 장르와 문체의 실험이 수반된다(이덕형, 1999: 605~633).

톨스타야의 「안개 속의 몽유병자(Сомнабула в тумане)」(1988)는 포스트소비에트의 새로운 현실에서 러시아인들이 겪는 위기의식을 주제로 한다. 주인공 로라의 아버지는 사상적 이유로 직장에서 해고당한 뒤 몽유병에 시달리는 병자이고, 그녀의 약혼자 데니소프는 장인을 삐딱한 시선으로 바라보는 현대판 '잉여인간'이다. 작가는 몽유병과 그 병자를 바라보는 맹목적 시선을 통해 '이중의' 몽유병에 시달리는 현대인의 모습을 포착하는데, 여기서 몽유병은 현대 러시아인들이 직면한, 치유 불가능한 '시대의 질병'에 비유된다. 톨스타야의 몽유병자들은 포스트소비에트의 묵시적 안개 속에서 방향을 찾지 못한 채 자신의 폐쇄적 욕망에 갇힌 현대판 '잉여인간'이다. 이들은 자본주의로 탈바꿈하는 새로운 러시아 사회의 결핍과 과잉의 극단에서 자기동일성과 정체성의 위기를 체험하는 포스트소비에트의 '쓸쓸한 군상들'이다(Толстая, 1999: 397~435).

소비에트 문학의 종말을 선언한 빅토르 예로페예프의 「러시아 악의 꽃들(Русские цветы зла)」(1993)은 제목에서부터 세기말의 암울한 분위기와 일탈의 충동을 뿜어낸다. 그는 20세기 말 러시아 문학을 포스트소비에트의 폐허에서 피어난 잡풀들, '악의 꽃'에 비유한다. 현대 러시아에서 악은 더 이상 인간 내면의 자유와 연관된 것도, 지배 이데올로기의 압력과 억눌림에서 비롯된 것도 아니다. 이제 그것은 러시아인의 일상에 만연된 하나의 보편적 실재로 다가선다. 예로페예프의 표현처럼 세기말의 러시아 문학은 전방위적으로 '악의 지배'를 받으며, 악에 관한 거대한 지식을

그림 1-4 보들레르의 시 '악의 꽃(Les Fleurs du Mal)' 그림, 프랑스 아티초크 출판사에서 나온 시집의 표지 사진

축적한 듯 모든 것이 악취를 풍기고 있다. 죽음, 섹스, 사랑, 일상생활 등 심리적 산문의 자리에 '심리병적' 산문이 등장하며, 이제는 "수용소가 아닌, 붕괴하는 러시아 자체가 삶의 은유"가 되고 있다. 따라서 이러한 '악의 꽃'을 피우는 작가들은 과거와 같은 고전적 방식이 아닌 새로운 '일탈과 충격의 미학', 일종의 '반미학'으로 악의 현실에 부딪혀야 하는 것이다(Ерофеев, 2002: 154~180). 또한 '반미학'으로서 포스트모던적 글쓰기의 대표자로 평가받는 소로킨은 「로만(Роман)」(1994)에서 개념주의적 사고와 독창적 서술기법으로 동시대를 의미부재의 세계로 그려 낸다. '로만'은 제목이자 주인공 이름으로 이 작품은 소설(언어)에 대한 이야기라 할 수 있다. 앞뒤가 맞지 않고 무미건조한 로만의 행동을 통해 독자는 자의적, 지시적 언어에 의해 재현되는, 현실로부터 동떨어진 언어, 일련의 유희적 기호와 마주한다. 소설은 로만의 죽음으로 끝나는데, 이 결말은 언어에 반영된 세계의 이미지, 리얼리티를 재현한다고 믿었던 소설의 죽음을 의미하며, 남은 것은 리얼리티의 합성과 복제에 의한 무의미한 언

어 기호뿐임을 확인시켜 준다.

　포스트모더니즘의 맹위에도 불구하고 여전히 리얼리즘 전통을 본질로 하는 신사실주의 계열의 작가들은 포스트소비에트 문단의 다른 한 축을 이룬다. 이 경향의 대표자로는 1960~1970년대 소비에트 문단을 이끈 '농촌 작가들', 아스타피예프(В. Астафьев)와 벨로프(В. Белов), 라스푸틴(В. Распутин), 숙쉰(В. Шукшин) 그리고 오랜 망명생활을 청산하고 귀국한 솔제니친을 들 수 있다. 신사실주의자들은 전통과 현대, 도시와 농촌, 전쟁과 평화, 자연과 문명 사이의 비극적인 충돌을 간파하며, 다가올 인류의 파멸을 경고하고 막고자 애쓴다. 이들은 개혁·개방 이후 미래에의 지표를 상실한 러시아의 현실 및 농촌사회의 비참한 모습을 슬라브적 윤리와 휴머니즘으로 만회하고, 환경파괴에 대한 생태학적 경각심을 고취시키려고 노력했다.

　라스푸틴은 일찍이 「마초라와의 이별(Прощание с Матёрой)」(1976)에서 소비에트 해체 이후 대변혁에 처한 러시아의 운명을 예견하며, 벌목작업용으로 급조된 시베리아 소도시 소스노프카를 배경으로 급박한 현장에서 벌어지는 다양한 인간 군상을 묘사했다. 이후 소스노프카로 상징되는 소비에트 사회가 당면한 온갖 난제들을 파헤친『화재(Пожар)』(1985)를 발표한 뒤 작품 활동을 중단한 채 현실 정치에 뛰어들었다. 그리고「슬픈 탐정(Печальный детектив)」(1985)에서 대도시 못지않게 타락한 소비에트 농촌의 실상을 날카롭게 비판한 아스타피예프는『저주받은 자와 죽은 자(Прокляты и убиты)』(1990-1994)에서 전쟁의 허위와 국가에 의해 주창된 이성과 선의 위선에 대한 불신과 환멸, 정의와 진보의 가능성에 깊은 회의를 보여 준다. 20세기 말 러시아의 묵시론적 사고를 반영한 이들 작품에는 오랜 세월 누적된 소비에트 사회의 문제점들이 대도시는 물론 한때 구원의 희망으로 상징되었던 농촌으로까지, 그야말로 전국적으로 확산된 현실에 대한 강한 비판이 담겨 있다. 이 계열 작가들은 포스트모던적 유희와 종말론적 세계관에 맞서 리얼리즘 전통을 지키고자 애쓴다. 그러나 상당 부분 보수적, 민족주의적 색채를 띠기에 이들의 교화와 계몽의 메시지는 새로운 세대의 감수성과 거리를 둔 채 그다지 큰 호응을 끌어내지는 못했다.

그러나 1990년대 후반에 들어와 포스트모더니즘에 대한 열기가 한풀 꺾이는 상황에서 신사실주의 경향이 재부각된다. 대표자로는 하리토노프(М. Харитонов), 마카닌(В. Маканин), 고렌쉬테인(Ф. Горенштейн), 페트루셰프스카야(Л. Петрушевская), 코롤레프(А. Королев)를 들 수 있다. 그중 마카닌은 가장 많은 독자층을 확보하고 있는 작가로, 대표작 『언더그라운드, 혹은 우리 시대의 주인공(Андеграунд, или Герой нашего времени)』(1998)은 재판을 거듭하며 가장 많이 읽힌 작품으로 기록된다. 주인공 페트로비치는 한때 잘나가던 작가였으나 지금은 자신의 작품을 폐기한 채 아무것도 쓰지 않는 은둔자다. 소비에트 붕괴 이후에도 부와 명성을 유지하며 잘 처신하는 동료들과 달리 그는 지하세계에 파묻혀 지내는 아웃사이더적 존재다. 이러한 주인공의 모습은 강대국에서 제3세계로 전락한 러시아 작가들의 위상을 반영한 듯 보인다. 부랑자로 전락한 페트로비치의 눈에 비친 주변 현실은 모두가 반유토피아의 세계이자 세기말 러시아 무의식의 반영이다. 묵시론적 공포와 광기의 공간, 출구를 찾기 힘든 캄캄한 복도, 얼굴 없는 수많은 부랑자과 끔찍한 범죄, 정신병동, 신경증, 정체성 상실 등 이 모든 것은 포스트소비에트를 살아가는, '우리 시대의 주인공'이 존재하는 환경이자 러시아 자체, '묵시론적 언더그라운드'이다.

　현대 러시아 극작계 '새로운 물결'의 리더이자 여성문학의 대모격인 페트루셰프스카야는 온갖 실험과 전위적 문체가 득세하는 포스트소비에트 문단에서 리얼리즘 전통을 잘 살린 작가로 평가받는다. 소비에트 시기 그녀의 창작은 지나치게 염세적이고 냉소적인 시각에서 현실의 어두운 측면을 다루었다는 이유로 종종 출판 기회를 상실하며, 비판의 대상이 되기도 했다. 동시대 많은 작가들이 언어유희와 금기, 환상과 텍스트의 세계로 침잠하는 포스트소비에트 문단에서, 그녀는 현대인이 회피한 채 방기하거나 망각한 현실을 고집스럽게 상기시킴으로써 리얼리즘 전통의 맥을 되살린다. 1990년대 발표된 페트루셰프스카야의 작품들, 「동슬라브인들의 노래(Песни восточных славян)」(1990), 「메데야(Медея)」(1990), 「라일라와 마라(Лайла и Мара)」(1996)는 포스트소비에트의 삶에서 폐기 직전에 놓인 사랑의 부재(이기적인 인간 군상들, 상호간 소통의 부재)를 주제로 한다. 작품 속 여성들은 무책임하고 소심하며, 도덕성이 결핍된 '함량미달'의 남성들로 인해, 혹은 포스트소비에트의 병폐가 야기한 가난과 질병, 소외로 인해 고통스런 삶을 살아간다. 이들은 파괴된 가정과 단절된 인간관계 속에서 방황하는 포스트소비에트의 불행한 초상이다. 여기서 작가는 사랑과 자기희생에 근거한 러시아 여성의 고전적 덕목이 더 이상 가치를 발휘하지 못함을 보여 준다. 그녀는 섣부른 교훈이나 교과서적 메시지보다는 현실 그대로를 담담하게 제시함으로써, 현대 러시아 여성의 '미덕'을 새롭게 인식하기를 권한다(페트루셰프스카야, 2003: 217~226).

'다른' 문학과 신사실주의 계열의 대립으로 전개된 1990년대 전반의 문예 논쟁은 후반에 접어들어 새로운 양상을 보여 준다. 문예학자이자 도스토예프스키 연구가로 유명한 스테파냔(Степанян, 1992: 231~238)은 일찍이 포스트모더니즘의 독주를 의식하며 「포스트모더니즘의 최후의 단계로서 리얼리즘(Реализм как заключительная стадия постмодернизма)」에서 전통적 리얼리즘과 포스트모더니즘의 유기적인 연관성을 지적한 뒤, 신사실주의 작가들을 포스트모더니즘 작가들과 구분 짓는다. 그에 따르면 전자는 흡사 포스트모더니즘 기법을 차용하면서도, 작가 스스로가 "고차원적인 정신적 본질로서 존재에 대한 믿음"을 지닌다는 점에서 차이를 갖는다. 주체와 객체의 합일이라는 전통적 사고에 토대를 둔 이들의 작품은 '새로운 리얼리즘'으로 평가받아야 한다. 이후 발표된 「포스트모더니즘 - 우리의 아픔과 염려(Постмодернизм-боль и забота наша)」라는 글에서 스테파냔(Степанян, 1998)은 리포베츠키의 『러시아 포스트모더니즘. 역사 시학의 오체르크(Русский постмодернизм. Очерки исторической поэтики)』(1997)에 대한 입장을 드러낸다. 그는 리포베츠키 주장을 그 방대함과 적실성, 새로운 이론의 성취에도 불구하고 '의미의 상실'이란 차원에서 비판한다. 즉 리포베츠키는 그동안 러시아 학계에서 거의 연구되지 않은 포스트모더니즘 이론을 고찰하면서, 그 발생의 세계관적, 역사문화적 전제들과 철학적 근간을 제대로 고찰하지 않았다는 점이다. 또한 스테파냔은 비토프의 『푸쉬킨 연구소(Пушкинский дом)』와 베네딕트 예로페예프의 「모스크바-페투쉬키(Москва-Петушки)」를 포스트모더니즘으로 한정짓는 일반적 견해에 반해, 왜 이 같은 작품들을 포스트모더니즘이라 불러야 하는지 문제 제기한다. 스테파냔의 생각대

로라면 이들 역시 마카닌 같은 신사실주의라 불러도 무방하지 않을까? 사실상 스테파냔이 규정하는 새로운 리얼리즘은 그의 비판에도 불구하고 리포베츠키의 '카오스와의 대화'와 접점을 갖는다. 이는 리포베츠키가 「죽음 이후의 삶, 혹은 리얼리즘에 관한 새로운 지식」에서 하리토노프와 마카닌, 고렌쉬테인의 포스트리얼리즘 소설에서 대화적 가능성을 발견하는 것과 같은 맥락에 놓인다고 볼 수 있다. "포스트리얼리즘 역시 - 이점에서 포스트모더니즘과 갈라지는 것이 아니다 - 검증받고 있다. 거기에도 중심은 없으며 '텅 빔'이 존재한다. 그러나 만약 포스트모더니즘이 부재와 침묵의 카니발적 수용 미학으로 다가가면서 지난 세기 초 아방가르드의 배후에 멈춰 선다면, 그곳에서 포스트리얼리즘은 출구를 찾는다"(Лейдерман, Липовецкий, 1992).

  21세기 초의 러시아 문단은 두 계열 작가들의 활발한 창작 활동과 더불어 한층 더 성숙된 문예전을 준비하고 있다. 포스트모더니즘에 대한 철학적, 역사시학적 이론서와 러시아 포스트모더니즘 작품에 대한 심도 있는 연구 결과물이 출판되는가 하면, 대표적 문예지를 중심으로 새로운 리얼리즘에 대한 흥미로운 논의가 진행 중이다. 1990년대를 휩쓸었던 문학의 '위기' 속에서 끊임없이 부각되어 온 전통의 연속과 단절, 자기동일성과 정체성의 위기라는 주제는 여전히 유효한 채 새로운 국면으로 접어든다.

* * *

  '미학적 다원주의'로 규정되는 포스트소비에트 문화는 확장된 공간적 외연과 개방성을 바탕으로, 전통의 연속과 단절, 러시아적 정체성이 미치는 공간에 대한 인식을 둘러싼 다양하고 상반된 주장을 특징으로 한다. 포스트모던으로 대표되는 새로운 러시아 문화는 '신화화와 유토피아'를 표방했던 소비에트 문화와는 달리, '파편화와 분산화'를 특징으로 하는 디스토피아적 경향을 반영한다. 이는 개방 이후 서구 문화의 급속한 유입과 나란히 사회주의 리얼리즘의 예술정신이 해체되면서 형성되는 탈소비에트적 현상이자, 포스트소비에트의 혼란이 야기한 '위기'의 징후라 할 수 있다.

미학적 다원주의와 다른 문학의 출현으로 대표되는 포스트소비에트 문학장은 빅토르 예로페예프의 표현처럼 보들레르의 '악의 꽃'을 연상시킨다. 포스트소비에트 문단에서는 기존의 공식문학에 지하문학, 망명문학까지 가세하여 한바탕 혈전을 벌이고 있다. 그 가운데 서로 견해를 달리하는 작가들은 각기 다른 방식과 관점에서 악의 세상을 체험하며, 그러한 악의 경험을 통해 현대 러시아인의 정신적 방황과 혼돈, 정체성 상실의 문제를 제기한다. 이는 세기말의 경계에서 어김없이 등장하는 묵시론적, 종말론적 경향과도 맞닿아 있다. 물론 이러한 악의 경험이 러시아 문학사에서 처음 등장한 것은 아니다. 우리는 19세기 후반의 도스토예프스키가 보여준 그 유명한 인간 자유의 필연적 요소로서의 악의 체험(이는 인간 내면적 자유와 연관되어 있는 관념적 실재로서의 악을 일컫는다), 20세기 초 러시아 모더니스트들의 악의 경험(은세기의 혼돈 속에서 경험하는 악의 체험은 전통과 기존질서에 대한 전면적인 부정을 통해 새로운 구원의 세계에 대한 희망을 내포하였다)과 그로 인한 고통을 확인할 수 있다. 그러나 이전과 비교해 오늘날 악의 경험은 상당히 독특하다.

포스트소비에트에서 악은 인간 자의지가 빚어낸 필연적 통과의례도 아니며 구원의 세계에 대한 아무런 희망도 담보하지 않는다. 이제 악은 포스트소비에트의 전반적인 사회, 정치적 상황과 맞물려 현대 러시아인의 삶과 문화 전반에 만연된 하나의 보편적 현상으로 나타난다. 포스트소비에트에서 '종말'은 소비에트의 해체와 그 폐허가 낳은 불안한 징후로 인해 야기된 것으로, 오늘날의 묵시론적 사고는 새로운 구원의 세계에 대한 희망의 메시지를 제시하지 못한 채 미래에의 비전도 담보하지 못하고 있다. 여기서 문학은 동시대의 '악취'와 '폐허'를 반영하는 진실의 표현이자, 정체성 위기를 반추하는 거울의 역할을 담당한다.

동시에 현대 러시아 문학장의 위기적 상황은 문학적 표현수단을 거치면서 일정 부분 객관화된다. 일상적 삶에서 위기를 체험하는 자들에게 문학이 표현하는 위기는 어떤 의미를 가지는 것일까? 위기를 예술적으로 드러냄으로써 역설적으로 그 속에 함몰되지 않고 미래를 발견해 나가는 직관력을 제공하는 것은 아닌지? 또한 문학이 어떤 방식으로 대중성을 획득하고 문화적 리더십을 발휘해 사회 통합적 역할을 수행하는지? 이들 질문에 대한 해답은 향후 개별적 연구를 통해 모색될 것이다.

주석

01 여기서 '장(場, champ)'은 부르디외(1995: 127)의 개념으로 문학작품의 생산과 변화가 이루어지는 헤게모니 투쟁의 공간, 즉 기존세력의 관계를 변형 혹은 유지하기 위해 움직이는 힘(생산자들의 의도와 대중의 기대)과 특정한 권력을 추구하는 투쟁이 공존하는 장소를 의미한다.

02 헌팅턴에 따르면 소비에트 시기 솔제니친의 추종파(슬라브주의자)와 사하로프의 추종파(서구주의자)는 그 차이에도 불구하고 일단은 공산주의 독재라는 대항세력을 두고 있었기에 그들 간의 대립이 표면화되지는 않았다. 그러나 소비에트 해체 이후 러시아의 정체성 논의를 둘러싼 일련의 과정에서 양 세력은 뚜렷한 차이를 보이며 갈등을 노출시킨다. '코스모폴리턴', '대서양주의자'로 지칭되는 서구주의자의 후예와 '민족주의자', '슬라브연합'으로 불리는 슬라브주의자의 후예가 양 극단을 이루는 가운데, 다양한 의견이 충돌하는 혼란스런 양상이 전개되고 있다. 양 세력의 견해차는 여러 부문에서 살펴볼 수 있지만, 특히 외교 정책과 관련해 장소의 문제를 부각시킨다. 한편 '온건 민족주의자'로 분류되는 스탄케비치는 터키를 비롯한 이슬람 세계와의 관계를 중시하며, 동시에 러시아의 정책과 자원을 아시아 혹은 동쪽으로 재투입할 것을 촉구한다(헌팅턴, 1997: 184~190).

03 해빙의 기류에 힘입어 1962년 모스크바 마네지 광장에서 추상미술 전시회가 개최되었다. 여기에 참석한 흐루시초프(Н. Хрущёв)는 전시 그림들에 대해 맹렬한 비난을 퍼붓는데, 이를 계기로 추상미술 작가들의 그림은 지하예술의 운명에 처해지고 말았다.

04 이 개념은 '일치' 혹은 '합일' 등의 사고와 대립하는 것으로, 배리(혹은 역리)란 어떤 이슈에 대해 일치를 얻을 수 있는 가능성에 대한 의심의 결과로 생겨난 것, 즉 정형화된 논리적 추리나 인식을 벗어나 이와 반대되는 모순적, 역설적 사고와 이에 상응하는 오류적 추리의 언어적 진술을 의미한다(리오타르, 1992: 101, 131).

05 포스트소비에트 시기 문학장의 탈중심화는 이전까지 유지되어 온 단일한 소비에트 작가동맹을 여러 개의 창작협회로 분열시키고, 국가의 전폭적 지원을 받은 국영출판 체계를 와해시켰다. 기존의 허가된 문학인 공식문학과 나란히 망명문학과 지하문학이 대등하게(혹은 더 적극적으로) 참여, 경쟁하면서 문학 발전과정의 근본적인 구조적 변화를 야기했다. 여기에 대중문화와 저속한 문학작품에 매료된 많은 독자층의 탄생도 고려되어야 할 상황이었다. 이 시기 문학장은 마치 현란한 콜라주, 초현실주의 화풍을 상기시킬 정도이다. 이러한 '그로테스크한 현란함'은 시간적 틀에 상당한 제약을 받는 문학의 공간 내에서 다양하고 때론 정반대의 창작 목적을 가진 예술가들의 공존에 의해 상호교류와 충돌을 낳으며, 그 현상의 한가운데에는 언제나 자기동일성과 정체성 위기라는 문제가 제기되고 있다(우샤꼬프, 1998: 44-50).

06 예로페예프의 논문은 지지층의 옹호와 비판세력의 견제 속에서 1990년대 초 러시아 문단의 화두로 자리매김되며, 이를 시발로 포스트모더니즘 대 리얼리즘 간의 논쟁이 이어진다. 이와 관련해서는 다음의 자료를 참조하시오: Липовецкий, 1991: 10; Курицын, 1992: С.225-232; Степанян, 1992: 231-238; Гюнтер, 1992: 161-175.

07 러시아 포스트모더니스트들은 언어유희와 아이러니, 패러디, 냉소주의 등의 방법으로 소비에트의 현실을 키치화하며, 다른 텍스트의 인용, 주석달기, 겹짜기 등 다양한 형식을 통해 소비에트인들에게 각인되어 온 선전선동 구호들을 전복

시키고 희화화한다. 이는 소비에트 유토피아로부터의 일탈 혹은 그 이데올로기 기호에 대한 일종의 개념적 놀이의 성격을 띠며, 이로써 그 기호인 텍스트나 슬로건 등에는 결국 아무런 실체가 없다는 사실을 보여 주는 탈신화화 작업이 진행된다(권정임, 2001: 287~310).

제2장

현대 러시아 소설에 나타난 작가의 초상:
페트로비치와 타타르스키

1. 문학을 숭상하는 나라

러시아 문화를 특징짓는 표현 가운데 '문학중심주의(литературоцен-тризм)'라는 용어가 있다. 이는 러시아 역사에서 지속되어 온 문학에 대한 독특한 태도와 연관된다. 근대 이래로 문학은 정신적 가치의 대열에서 최상의 위치를 점해 왔으며, 의심할 여지없이 러시아 지식인들의 특별한 관심의 대상이었다. 문학을 대하는 이 같은 태도는 19세기 러시아 문화의 '황금기'를 거치며 본격화되었다. 이 시기 문학의 영향은 실로 놀랄 정도였으며, 오늘날에는 더 이상 불가능해 보이는 동시대 거대 담론의 중심에 우뚝 서 있었다.[01] 게르첸(Герцен, 1956: 108)이 『19세기 러시아 문화사』에서 적고 있듯이 "사회적 자유를 상실한 민족에게서 문학은 그 자신의 반감과 양심의 함성을 들을 수 있는 유일한 트리뷴"이었으며, 다른 유럽 국가에서 오래전에 상실된 '사회적 척도의 역할'을 담당해 왔다. 이런 환경에서 문학은 철학과 사회평론, 나아가 사회·정치적 활동까지도 담당해야 했으며, 다른 예술장르와는 달리 예술의 영역을 넘어 보편적, 종합적 문화현상으로 모든 삶의 정점에 놓여 있었다.

러시아 문학의 이 같은 위상과 관련해 로자노프(Розанов, 1995: 666)는 러시아에서 모든 파국은 문학에서 발생하였고, "러시아 문학은 왕조의 종말을 야기했고 민중의 삶을 산산조각 내었다"라는 극단적 표현을 가한다. 그에 따르면 러시아혁명 전후로 문학은 지나치게 많은 삶의 개혁을 요구하였고, 그로 인해 사회문화 전반에 걸쳐 파괴적 충동이 강화되었으며, 무르익을 때를 기다리지 못한 채 젊은 혈기로 변화를 밀어붙인 결과 파국(혁명, 기아, 문화의 파괴 등)을 낳았다는 것이다. 러시아에서 발생했고, 발생 중인 모든 공포는 '문학 탓'이며, 문학은 그 공포의 책임 소재이다. 이는 언뜻 문학을 비하하는 듯 보이나 실제 러시아 역사를 지배해 온 문학의 막강한 힘과 러시아인의 삶에 미친 그 영향력을 역설적으로 강조한 것이라 하겠다.[02] 문학에 대한 이 같은 숭배는 러시아에서 작가 및 문학종사자들의 권위와 직접적으로 연결된다. 19세기 말 유행했던 "두 명의 러시아 차르(Два русских царя)"라는 제목의 캐리커처에는 강력한 보가트리(영웅호걸)의 모습을 한 톨스토이(Л. Толстой)와 보잘것없는 왜소한 차림의 황제가 나란히 그려져 있다. 이는 당시 문학과 정치의 권력관계에서 전자의 우위를 쉽사리 짐작할 수 있는 흥미로운 자료라 할 수 있다.

혁명 이후 소비에트 사회에서 문학과 작가의 위상은 최고 권력자의 통치 목적과 지배스타일에 따라 많은 변화와 왜곡된 변모를 보이며 이전과 비교해 상당 부분 쇠퇴의 길로 접어든다. 사회주의 건설 초기 새 시대 프로젝트 차원에서 무엇보다 실용주의에 초점을 맞춘 문학의 역할이

그림 2-1 지난 삼백 년간 러시아 문화의 본질로 자리한 문학중심주의가 사라졌음을 달래는 글

강조되었다. 스탈린 통치 아래 '사회주의 리얼리즘' 창작원칙에 따라 문학 및 작가동맹을 제어하기 위한 강력한 통제수단이 형성되는 등 전체주의 시스템 내 문학의 권위는 상당 부분 실추되었다. 그러나 문학과 그 종사자에 대한 정치 권력자들의 경계와 압박은 다른 한편 러시아 지식인과 대중에게 미치는 문학의 영향력을 역설적으로 보여준다. 파스테르나크(Б. Пастернак)의 노벨상 수상과 거부, 브로드스키(И. Бродский)와 시냐프스키(А. Синявский)의 투옥과 망명, 솔제니친(А. Солженицын)의 추방, 사미즈다트의 결성 등으로 이어지는 일련의 사건에서 소비에트 시기 비공식 라인을 통해 형성되어 온 러시아 문학의 파워를 여전히 느낄 수 있다. 이렇듯 러시아 작가들은 정치 권력에 맞서 또 하나의 문화 권력을 형성하며 그 권위를 유지해 올 수 있었다.

　19세기 러시아문학의 '황금기'를 거쳐 소비에트 시기까지 자의반 타의반으로 이어진 문학의 막강한 사회적 역할과 작가의 권위는 포스트소비에트라는 새로운 공간에서 전면적 도전을 받기에 이른다. 개혁·개방을 기점으로 급격히 진행된 문화계의 지각변동과 나란히 러시아 문단은 본질적인 변화를 경험한다. 이 시기 변화 양상은 20세기 초 일대의 지각변동을 경험한 러시아 혁명 이후의 그것을 능가할 정도이며, 이전 예술적 경험과의 연속과 단절 가운데 다양한 종류의 예술 현상이 출현하는 '미학적 다원주의', 혹은 '그로테스크한 현란함'을 연상시킨다. 문학의 경우 공식적인 검열과 규제가 소비에트의 해체로 완전히 자취를 감춘 반면, 작가들은 예측 불가능한 시장의 압력과 혼란스러운 자유를 떠안은 채 그동안 누려 왔던 많은 혜택들을 환원해야만 했다. 재정상태의 악화는 바로 출판업의 위기로 이어져 권위와 전통을 자랑하던 유수한 문예지들은 제때 발간되지 못하거나 많은 양이 감소된 부수로 출판되었다. 그런데 작가와 출판계가 당면한 이러한 위기보다 더 심각한 것은 전통적으로 인정되어 온 러시아문학의 위상이 퇴색되어 가며, 변화된 환경에 적응하지 못하는 작가들이 심각한 존재위기와 상실감을 경험한다는 사실이다.

이 글에서는 포스트소비에트 문학을 대표하는 두 작품 – 신사실주의 계열의 『언더그라운드, 혹은 우리 시대의 주인공(Андеграунд, или Герой нашего времени)』(1998)과 포스트모더니즘 계열의 『'P' 세대(Generation 'П')』(1999) – 을 중심으로 20세기 말 러시아에서 문학의 '위기'를 체험하는 작가의 초상을 살펴보고자 한다. 이는 소비에트의 소멸에서 비롯된 '리얼리티'의 상실감, 전 지구적 현상인 영상문화의 도래로 인해 심각한 존재위기에 직면한 러시아 작가들의 현주소를 반추해봄으로써, 역설적으로 문학적 표현수단을 통해 위기를 응시하며, 미래에의 비전을 탐색하는 작업이 될 것이다.

2. 페트로비치 – 지하인간 혹은 '우리 시대의 주인공'

1990년대 후반에 들어와 포스트모더니즘에 대한 열기가 다소 주춤하는 가운데 신사실주의 계열 작가들이 부각되기 시작한다. 1998년 『깃발(Знамя)』(No. 1~4)에 연재된 마카닌(B. Маканин)의 『언더그라운드, 혹은 우리 시대의 주인공』(이하 『언더그라운드』로 지칭)은 그해 단행본으로 출간된 이후 평론가와 독자 대중의 지속적 관심을 받아 온 '문제작'으로 평가된다.[03] 이는 작품의 깊이와 문제의식, 특히 세기말 정체성 위기의 현실에서 작가의 권위와 문학의 역할에 대한 심도 있는 성찰의 결과라 할 수 있다. 소설 전반에 걸쳐 이름도 집도 없이 언더그라운드에서 방황하는 주인공 페트로비치의 형상에는 급변하는 러시아에

그림 2-2 1990년대 말 서재에서 작업 중인 마카닌

서 심각한 위기에 처한 작가들의 모습이 오버랩된다. 마카닌은 페트로비치가 속한 언더그라운드 세계와 그 주변 인물들(주류와 비주류)의 삶을 통해 전환기 포스트소비에트 사회의 모습과 작가들의 초상을 특유의 문체와 서술기법으로 잘 그려 낸다.

소비에트 시절 진보적 작가였던 페트로비치는 현재 자신의 작품을 페

기한 채 아무것도 쓰지 않고 언더그라운드에 파묻혀 살아가는 아웃사이더적 존재다. 소비에트 권력 아래 체제 저항적 글을 쓰며 지하의 삶을 살았던 그는 이후 여전히 주변부적 존재로 남아 거리를 배회하고, 밑바닥 생활을 자처하며 '공동주택(общага)'[04] 경비원으로 살아간다. 이런 나날 속에서 그는 비참한 자신의 상황을 벗어날 생각에서, 집과 건강의 필요성, 병약한 동생에 대한 애정 그리고 남성적 권위를 회복하기 위한 여러 수단과 방법을 발견해 나간다. 태생적으로 고독한 존재인 페트로비치는 친구들과의 교류도 거의 없이 간혹 정신병동에 입원한 동생 베네딕트를 방문할 뿐이다. 이런 자신을 가리켜 그는 '아게쉬니크(агешник, 50여 년을 정상적인 인간 세계 밖에서 맴도는 일종의 지하인간)'라 부른다. 일인칭 서술로 쓰인 이 소설의 많은 부분에서 발견되는 자전적 요소들은 종종 주인공과 작가 마카닌을 동일선상에서 보게 만든다. 50대 중반, 회색 콧수염, 사나운 카자크인의 기질을 지닌 듯한 주인공의 표정은 작가 자신의 외모와도 흡사하다. 1960~1970년대 진보성향 작가들의 '합법적 영토'라 할 수 있는 아게쉬니크의 운명을 지향해 온 마카닌에게서 페트로비치의 존재는 향후 전개될 작가 운명의 '문학 프로젝트'라 할 수 있으며, 그는 자신의 문학적 거울을 통해 20세기 말 위기에 직면한 러시아 현실을 조명한다. 소설에서 실감나게 묘사된 포스트소비에트 현실을 통해 독자는 동시대 일상의 현실적 위기를 경험하고 절감한다.[05]

페트로비치가 언더그라운드에서 자유를 호흡하고 획득하는 과정, 그 자신의 용어로 '일격(удар)'을 가하는 과정에는 '죽음'이라는 통과의례를 필요로 한다. 주인공은 예기치 않은 두 번의 살인을 행한다. 살해 후 그는 '불멸이 없다면 모든 것은 허용된다'는 이반 카라마조프('신이 없다면 모든 것은 허용된다')식의 20세기 말 슬로건을 확신하듯(혹은 거부하듯) 스스로를 정당화하려 애쓴다. 첫 번째 살인 카프카즈인의 죽음(동생 베네딕트와 친구 구세예프를 모욕한 대가)은 페트로비치가 자존심을 지키고자 하는 목적에서 성급하게 저지른 가벼움의 결과다. 그런데 살인의 순간 이미 그의 마음속에서 신의 존재는 "저 멀리 닫힌 하늘 뒤에, 무시무시한 수수께끼적 권력 뒤에" 놓이게 되며, '우리시대 주인공'은 외적 징벌이라는 강력한 수단에 기대고 만다. 죽음의 합리화는 두 번째 살인, 정부 요원이자 밀고자인 추비크의 죽음에서 더 강화된다. 추비크는 공동주택 주변을 배회하며 소일거리를 뒤적이는 위선적인 인물이다. 그는 주류세력에 편승한 언더그라운드 출신들에 대한 페트로비치의 취중악담을 녹음해 위협한 결과 죽음에 이른다. 추비크의 죽음은 페트로비치로 하여금 러시아문학의 자존심을 증명하는 기회로 작용하며, 주인공은 신도 타인도 배제시킨 채 오직 문학만을 지키겠다는 각오를 드러낸다. 페트로비치에게서 진정한 작가란 "현실 타협적인, 재능 없는 군중들"로부터 러시아문학을 지켜 내는 '수호자'이자 '신관'인 셈이다.

> '살인하지 말라'는 것 속에 고차원적인 것은 아무것도 없었다. 도덕적인 것조차도 없었다. 이것, 즉 살인은 개인적 권한에 속한 것이 아니라(너의 것도, 나의 것도 아닌), 전적으로 그들의 권한에 속한 것이다. 지금까지도. 그들(국가, 권력, KGB)은 수백만을 파멸시켜 왔다. 나는 그들에게 벼락을 내릴 생각은 결코 없다. 문제를 가만히 크게 두 가지로 나누고 가를 뿐이다. 내게 중요한 것은 그들이 아니라 개개 인간, – 그들이 아닌 나인 것이다. 그들이 아니라

나, 너 그리고 그 사람이다. 황제의 권한은 황제에게로, 주물공의 권한은 주물공에게로 — 바로 여기에 답이 있다.〈…〉러시아인에게 문학이란 이직도 거대한 자기 암시 아닌가!(Маканин, 2003: 156, 이후 마카닌 소설의 인용은 괄호 안의 쪽수로 표시한다.)

러시아문학을 지켜 냈다는 신념에 차 있던 그 순간 아이러니하게도 두 번의 살해를 감행한 페트로비치는 지금껏 자신이 머물렀던, 그리고 앞으로도 영원히 머물 것이라 생각했던 공동주택을 벗어나 거리로 나선다. 여기서 언더그라운드의 삶을 벗어나는 것은 문학을 벗어나(거부하고) 일상으로, 창작을 거부하고 현실 세계로 몰입하는 또 다른 일격에 비유된다. 세상 밖으로 나온 페트로비치에게서 문학의 의미는 오래전에 상실된 것, 책 속에서만 남은 자기정당화를 위한 지적도구로 사용될 뿐이다. 그에게서 '신성한' 러시아 고전의 전통은 "신에게로 이르는 여정이 아닌 오히려 그것을 가로막는 방벽"으로 변질된다(Степанян, 1999: 208). 언더그라운드를 벗어난 그는 도스토예프스키(Ф. Достоевский)의 『죄와 벌』을 살인을 막고 회개를 일깨우는 작품이 아닌 벌과 양심의 고통으로부터 달아나는 수단으로 간주한다. 수없이 이사하면서도 늘 챙겼던 낡은 타자기는 더 이상 페트로비치의 애장품이 아니라 침대 한 모퉁이에 처박힌 채 그의 시야를 벗어난 잊힌 물건에 불과하다.[06]

    도스토예프스키의 소설은 아직껏 우리에게 살아 있다. 그러나 이제는 개념으로, 열정적으로 표현된 추상적 예술로서 살아 있는 것이다. 오래된 천재적 기운이 번뜩이는 말 속에서 미래의 금기가 반짝이고 있다. 〈…〉 나는 스스로를 정당화시켰다. 그래, 부디 침묵하자, 시간이 말해 줄 것이다. 학교에서 배운 러시아 문학이 귓전에서 지금 내게 외친다. 아주 크게 외친다. 대체 뭐라고 외치는 거지?〈…〉 나는 시대를 구분해 맞닥뜨린 문제 앞에서 스스로를 정당화시켰다. '그래, 유감스럽기는 하다. 하지만 후회는 없다.' 이렇게 나는 답했다.(156-157)

그런데 문학을 벗어나 일상으로 뛰어든 페트로비치는 세상과 타협하지 못한 채 반쯤 정신을 잃은 상태에서 더 강렬하게 '자유의 들이킴'을 필요로 한다. 마치 살인 후 극도의 불안감에 떠는 라스콜리니코프가 고백의 필요를 느끼듯, 그 역시 누군가에게 회개하고픈 갈망으로 정신병동에 입원 중인 동생 베냐(베네딕트)를 찾아간다. 뛰어난 예술적 재능을 지닌 동생은 창작의 자유를 억압하는 정부권력에 저항하며, 형보다 더 절망적으로 세상과의 타협을 거부한 채 오래전부터 정신병동에서 치료 중이다. 유년 시절 예술적 경험을 공유한 형제는 오랜만에 마주하며 진솔한 대화를 시도한다. 하지만 형의 사려 깊은 충고조차도 동생을 변화시키지 못하고, 출구 없는 상태로 베냐는 비극적 결말을 맞는다. 페트로비치에게서 화가이자 불구인 동생은 비타협적 삶을 영위해 온 자신의 분신이기도 하다(마치 페트로비치가 작가 마카닌의 분신이듯이). 그는 한편으로 동조하면서, 다른 한편으로 일종의 공포심마저 느끼며 동생을 지켜본다. 사실상 베냐의 비극은 그림 작업이 잘 되지 않는 탓이라기보다는, 자신의 운명을 거부하려는 그 어떤 '일격'도 행하지 않았다는 데 있다. 형과 달리 그는 정신병동을 탈출하려는 어떤 시도도 하지 않고 자신의 이름을 끝까지 유지한다. '일격의 부재', 이 점에서 동생은 형과 구별되고, 뛰어난 지하예술가를 꿈꾸었던 천재는 모든 관계를 단절한 채 병들어 간다.

> 이 민첩한 화가들은 이미 지하로부터 기어 나와 전시회도 가졌고, 서방에서 첫 성공을 거두고 여기서도 좋은 반응을 얻었다. 나이로 보아 그들 모두는 베네딕트 페트로비치보다 열 살 정도, 한 세대는 어려 보였다.〈…〉그러나 내 동생 베냐는 이제 골동품이 되어 버렸다. 논쟁할 여지없는 과거에 속한 전설이 된 것이다. 단 하나의 전시회도, 그림도, 건강도 없는 채로〈…〉화가들은 술에 취한 채 웅성대며 뒤에서 소리쳐 댔다. 나는 그 순간 베냐가 모든 것을 이해했다고 확신한다. 그는 영원히 떠나는 것처럼 가고 있었다. 그의 시대는 끝난 것이었다.(455)

회개를 구하고자 찾아간 정신병동에서 페트로비치는 또 다른 권력인 병동 시스템과 악마적 이중인격의 심리치료사들과 맞서야만 했다. 그 곳에서의 치료는 동생의 정신과 육체를 회복시키는 것이 아니라, 그의 자아를 파괴하고 육체적으로 더욱 심약한 상태로 만들었다. 그러나 베네딕트와 달리 페트로비치는 일격의 끈을 놓지 않으며, 동생과 함께 그곳을 벗어나기 위해 '무시무시한' 체험을 감행한다. 그에게서 '자유의 들이킴'을 촉발시키는 구원의 일격은 '문학적' 회개의 과정을 거치며 '일격의 철학(философия удара)'으로 나아간다. 언더그라운드를 벗어나며 그가 내동댕이쳤던 낡은 타자기는 자신도 모르는 사이에 작가의 손으로 자리한다. 매순간 '일격'의 도움으로 생의 가장 중요한 존재론적 문제를 해결할 수 있게 된 것이다. 스테파냔(Степанян, 1999: 209)이 지적하듯이 '일격의 철학'은 "복음서의 말씀뿐 아니라 모든 인간관계의 토대를 재구성"하게 만들고, 예술과 삶의 조화로운 결합을 유도하는 '우리의 모든 것'이자 '세계건설의 본질'인 셈이다. 정신병동을 나온 페트로비치는 일상으로 복귀해 새로운 삶을 시작한다. 이제 그는 아게쉬니크가 지하세계를 벗어나 일상으로 나왔던 그 단계를 역순으로 거치며, 사이비자유의 위험한 매력을 극복해 간다. 언더그라운드와 학대받는 자들(그들의 무방비성으로 인해 한때 좋아했던)과도 이별하고, 또다시 병원에 보내진 동생과도 영원히 작별한다.

일격의 작가로서 페트로비치의 형상은 동시대를 살아가는 소설 속 다른 작가들과 비교된다. 새 거주지와 새 여자들을 거치며 자동차를 부수어대는 비크 비키치, 헤어진 아내와 아들을 보기 위해 파리와 이스라엘 여행에 나선 미하일, 집을 잃은 채 아무것도 하지 못하는 오볼킨, 지하에서 나와 작품을 출판한 뒤 자유를 상실한 지코프 등 이들 모두는 포스트 소비에트의 변화된 환경에서 등장한, 자기 집 문턱을 넘지 못한 채 쓸쓸한 최후를 맞이하는 주인공의 또 다른 분신들이다. 이들과 달리 페트로비치는 일격의 철학을 통해 문학과 삶의 경계를 넘어 분노와 분열을 극복해 나간다. 그 와중에 마주친 젊은 사업가 로뱐니코프는 페트로비치로 하여금 그동안 경멸해 온 세계를 다르게 보게 만든다. 세속적 욕망에 매달려 발버둥 치는 로뱐니코프의 모습에서 페트로비치는 숨겨진 자신의 분신, 새 시대 자신의 모습을 발견하며, 부와 권력이 선호의 대상이자 동시에 경멸의 대상이 되는 이중적 의미를 간파한다.

> 어떻게 보면 로뱐니코프의 눈속임은 사기가 아닌 일종의 구상, 사고 혹은 현명한 방법이라 할 수도 있다. 왜냐면 늙은 페트로비치로서는 이 경우 아무것도 잃은 것이 없기 때문이다. 작가 페트로비치는 그렇게 살았고, 앞으로도 그렇게 살 것이다. 얻은 것은 없지만 그렇다고 뭐 잃은 것도 없지 않은가. 〈…〉 알렉세이 로뱐니코프는 이미 21세기를 걷고 있었다. 자신의 시대에 자신의 타입으로 살아간다. 그곳에서 끝까지 싸운다. 정상 아닌가!(422-423)

여러 공간을 배회하며 작품 전반에 걸쳐 페트로비치가 몰두한 문제는 인간 존재에 관한 근원적 질문들로 수렴된다. '인간으로, 인간 개성으로, 인류로 존재하느냐, 마느냐'의 문제! 흥미롭게도 '우리 시대의 주인공'은 이 질문에 삶이 아닌 문학으로 답한다. 이 소설에는 푸쉬킨을 비롯해 고골, 투르게네프, 도스토예프스키, 체홉에 이르는 19세기 고전작가들은 물론이거니와 츠베타예바와 파스테르나크 그리고 20세기 후반의 솔제니친, 베네딕트 예로페예프에 이르기까지 많은 작가들과 그 문학적 형상들이 인용 혹은 패러디되고 있다. 소설 속 여러 작가와 그 문학적 인용과 비유는 각 시대의 문학적 형상과 연관되며, 그 형상들 모두는 레르몬토프의 '우리 시대의 영웅'에 의해 중개된다. 작가 기획의 '문학 프로젝트'인 페트로비치는 러시아 고전의 패러디적 인물로 등장하며, 그는 자신이 직접 페초린과 라스콜리니코프, 포르피리, 베르실로프 혹은 이반 데니소비치가 되어 고뇌하고 행동한다.

여기서 작가와 화자의 독특한 관계 또한 흥미롭다. 작가의 시선에서 삶은 문학 속에 반영되는 반면 주인공-화자의 입장에서 그것은 희망과 믿음을 상실한 문학이 힘든 현실 속에 반영되고 있는 형국이다.[07] 아이러니하게도 마카닌은 러시아 고전의 계보 속으로 들어가려 애쓰고, 페트로비치는 오히려 거기서 벗어나 일상의 삶으로 뛰쳐나온다. 그 삶이란 바로 카자크인 점원이 살해되고, 추비크의 시체가 계단에 뒹굴며 정신병동에서 정상적인 인간들이 미쳐가는 현실이다. 마카닌이 '영원한' 문학에 동시대 일상적 위기를 접목시키고 당면한 충돌을 제시하는 그 곳에서, 현대를 살아가는 그의 주인공은 심각한 존재위기를 경험하며 소설과 삶의 경계를 마구 넘나든다. 그럼에도 페트로비치는 변함없는 우리 시대의 주인공이다. 그에게 발생한 사건은 그의 동시대인, 이전 세대나 향후 세대, '세상에서 가장 문학적인 나라'에 살고 있는 작가와 비작가 모두에게서 가능하다는 것을 그는 확인시켜 준다. 그런 의미에서 '우리 모두는 러시아의 잠재의식'이라는 마카닌식 사고는 더욱 설득력을 갖는다. 이 작품의 에피그라프로 인용된 레르몬토프의 표현처럼, 우리 시대의 주인공인 페트로비치는 "초상이다. 그러나 어느 특정인의 초상은 아니다. 이는 우리 세대 모든 이가 지닌 결점과 그 결점의 전적인 발전에서 만들어진 초상이다."(5)

소비에트 시기 인쇄지면을 얻기 위해 쉽사리 타협하지 않았으며, 포스트소비에트의 혼란 속에서도 결코 세상에 굴복하지 않았던 페트로비치는 이제 일상과의 투쟁에서 새로운 희망을 얻은 듯 보인다. 현실의 가중한 무게에도 불구하고 일격의 철학을 견지해 온 그는 스스로가 문학이 되기를 갈망하며, 끝까지 희망을 포기하지 않는다. 주인공이 건져 올린 희망은 21세기 인류에게도 여전히 기회는 존재한다는 것을 보여주며, 일격의 철학은 그 자신의 존재론적 질문에 대한 긍정적 답을 제공한다. 그러나 포스트모던 시대를 살아가는 작가에게서 19세기적 구원의 의미를 발견하기란 쉽지 않다. 스스로가 문학적 형상으로 변신한 페트로비치는 이름도 집도 없이 자신의 운명과 시간을 망각한 채 살아가는, 포스트소비에트가 낳은 씁쓸한 작가의 초상이다. 그에게서 진정한 리얼리티란 부재하며, 삶과 문학은 경계를 상실한 듯 보인다. 여기서 많은 것은 독자의 몫으로 남으며, 그런 의미에서 이 작품은 포스트모더니즘(혹은 포스트리얼리즘)의 정수를 보여준 것이라 하겠다.

3. 타타르스키 – 카피라이터 혹은 크리에이터

포스트소비에트 시기 문학의 역할과 작가들의 우울한 초상은 펠레빈[08]의 대표작 『'P' 세대』에서 마카닌과는 다른 시각으로 조명된다. 여기서 P는 '펩시콜라'의 첫 글자로, P 세대란 소비에트 해체 이후 러시아에 수입된 맥도날드와 리바이스, 말보로 등으로 대표되는 서구 물질문화의 홍수 속에서 성장한 젊은 신세대를 가리킨다. 이들은 마치 자신의 부모세대가 브레즈네프를 선택할 수밖에 없었듯이 역시 아무런 대안 없이 펩시를 선택한 세대이다. 소비에트 이데올로기 대신 광고와 선전의 홍수 속에서 광고 이미지에 현혹된 새로운 러시아 젊은이의 대표적 형상이다. 펩시를 선호하며, 자신의 이상과 삶의 지향점을 텔레비전 광고를 통해 형성한 세대, 이들에게 중요한 것은 도덕적, 이념적 문제가 아닌 새로운 소비사회, 정보사회에서 뒤쳐지지 않을까 하는 두려움이다. 펠레빈은 『'P' 세대』에서 TV 광고를 소재로 포스트소비에트에 만연된 물질적 욕망과 이미지의 환영 속에서 매몰되어 가는 자유의 가치를 되돌아보며, 20세기 말 시장경제체제하에 무용화되다시피 한 문학의 역할, 왜곡된 작가의 형상을 대중적 코드를 통해 잘 그려 낸다.[09]

주인공 타타르스키(B. Татарский)는 P 세대의 전형으로 급변하는 현실에서 '카피라이터'라는 직업을 선택한다. 원래 그는 군대에 가지 않으려는 단순한 이유에서 기술대학에 입학했다. 그러나 스물한 살 여름을 기해 자신의 운명을 결정짓는 선택의 기로에서 시인의 길을 택한다. 그해 어느 시골마을에서 읽었던 파스테르나크의 시구가 타타르스키로 하여금 새로운 삶을 꿈꾸고, 영원성에 대한 믿음을 공고히 하게 만든 것이다. 그즈음 그가 확신한 영원성이란 "변하지 않고 파괴되지 않는 어떤 것, 급변하는 지상의 배열에 전혀 의존치 아니하는 것"이었다. 만약 "자신의 삶을 바꾸어 놓은 파스테르나크의 작은 책이 이미 영원성을 획득한 것이라면, 그를 여기서 벗어나게 할 만한 세력은 아무것도 없는 셈"이었다(Пелевин, 2001: 16, 이후 펠레빈 소설의 인용은 괄호 안의 쪽수로 표시한다).

그러나 영원성에 대한 타타르스키의 믿음은 소비에트 해체 이후 도전에 직면해 급기야 깨져 버린다. 어느 날 산책 도중 신발가게 쇼윈도를 통해 아무도 손대지 않는 러시아산 구두를 목격한 그는 영원성에 대한 새로운 생각을 품게 된다. 다채로운 색깔의 외제 신발들 사이에서 먼지에 덮인 채 방치되어 있는 그 구두는 단지 질이 떨어지거나 조야해 보여서가 아니다. 소비에트 문학사를 강의하던 어느 만취한 교수의 표현처럼 '우리의 게슈탈트'를 떠올리기 충분했다. 순간 타타르스키의 눈에선 눈물이 흐르고 그는 다시금 반문한다. 과연 영원성이란 무엇인가? 사고의 전환을 경험한 주인공은 집으로 돌아와 다음과 같이 적는다: "영원성의

그림 2-3 펠레빈의 『'P' 세대』 속 펩시콜라와 체게바라를 합성한 포스터

주체가 사라질 때 그 영원성을 믿었던 모든 객체 또한 사라진다. 그렇다면 이따금씩이라도 영원성에 대해 회고하는 자가 그 주체가 되는 것이다."(18) 이후 타타르스키는 더 이상 시를 쓰지 않는다. 소비에트 권력의 몰락과 함께 그에게서 시는 의미와 가치를 상실하고 만다. 영원성의 세계에서 현실로 내려앉은 그는 세상 변화에 점점 익숙해지고, 짧은 장사 경험을 통해 불신을 키우던 중 대학 동기 모르코빈을 만나 광고계로 진출한다.

『'P' 세대』는 작가지망생에서 카피라이터로 전환한 타타르스키가 광고와 텔레비전 제국에서 겪는 새 시대 작가, 일명 '크리에이터'의 삶을 다룬다. 스코로파노바(Скоропанова, 2002: 438)가 지적하듯이 이 작품에서 작가는 기록적인 것과 환상적인 것의 조화를 통해 가상현실인 시뮬라크르를 창조한다. 인간을 대체한 묵시론적 인류학에서 '텔레비전 제국'의 역할을 강조하고 있으며, "명확한 의미 없는 순수 기표의 심리학 속에 뿌리내린 수단에 의해 인간을 통제된 로봇으로 변화시키는 위험성"에 대해 경고하고 있다. 이 작품의 구성은 보드리야르(J. Baudrillard)의 시뮬라크르 이론과 상당히 밀접한 관련을 지니며, 어떤 면에서 그의 이론을 현대 러시아에 잘 적용시킨 예라 할 수 있다.[10] 펠레빈이 묘사한 포스트소비에트 공간에는 삶을 규정하는 익숙한 기호 체계의 급격한 변화가 진행 중이며, 대중 담론의 핵심에는 이데올로기가 아닌 광고가 자리한다. 소설의 많은 부분은 타타르스키가 기획하고 고안한 시나리오와 광고문구가 차지하며, 그것들 대부분은 고전작품이나 역사적 전설, 민족적 신화를 패러디한 것이다.

조국의 연기는 달콤하고 반가운 것
파를라멘트 (68)
И ДЫМ ОТЕЧЕСТВА НАМ СЛАДОК И ПРИЯТЕН.
ПАРЛАМЕНТ

러시아는 이성으로 이해되지 않는다. 단지 믿을 수 있을 뿐이다.
스미르노프 (89)
UMOM ROSSIYU NYE PONYAT,
V ROSSIYU MOJNO TOLKO VYERIT.
《SMIRNOFF》

여타의 광고문구가 그렇듯 담배 카피 '파를라멘트'를 완성하기 위한 과정은 여러 단계를 거쳐 19세기 작가 그리보예도프(А. Грибоедов)의 인용

에까지 이른다. 1993년 10월, 과거로 회귀하려는 구 공산세력의 쿠데타가 일어난 바로 그 장소, 역사적 탱크가 서 있던 그곳 국회건물 한쪽 벽면에는 이제 '파를라멘트'의 광고 화보가 길게 드리워져 있다. 고전의 패러디와 관련해 19세기 시인 츄체프(Ф. Тютчев)의 유명한 시구는 술 광고 카피로 둔갑한다. 한 손에 술잔을 든 채 코안경을 걸친 시인은 20세기 말 '가난한 사람들'이란 선술집에서 미국산 보드카 '스미르노프'를 위해 존재한다. 고고한 정신적 가치가 지상으로 내려앉는, 도스토예프스키식 '뜨거운 마음의 고백'이 '시'에서 발뒤꿈치로 '곤두박질(Вверх пятами)' 치는 순간이다.[11] 아니면 일상의 하찮은 소재들이 수준 있는 가치의 영역으로 뛰어올랐다고 해야 하는 것인가! 아무튼 전통적 시각에서 광고 세계의 주객은 뒤집힌다. 이런 주객전도 현상은 '메르세데스' 자동차 광고에서 절정에 이른다.

구세주 그리스도
위풍당당한 신사들을 위한 위풍스러운 신 (186)
ХРИСТОС СПАСИТЕЛЬ
СОЛИДНЫЙ ГОСПОДЬ ДЛЯ СОЛИДНЫХ ГОСПОД

광고가 시작되면 백색의 기다란 리무진이 황금빛 돔의 구세주 성당을 배경으로 세워져 있다. 멈춘 자동차의 앞문이 열리고, 새어 나오는 빛 속 하이힐 여인의 다리와 팔이 눈에 들어온다. 얼굴은 잡히지 않은 채 빛과 리무진, 여인의 팔과 다리만 보일 뿐이다. 그 위를 가르는 카피 "구세주 그리스도, 위풍당당한 신사들을 위한 위풍스러운 신". 이 문구를 완성한 타타르스키는 고개를 들어 천정을 올려다보며 나지막이 묻는다: "하느님 맙소사, 맘에 드시오?"(186) 타타르스키가 인정하듯 이들 광고에는 상품 판매라는 확고한 목표와 고도의 테크닉으로 집단 무의식을 작동시키려는 광고기획자의 치밀한 계산이 깔려 있다. 광고가 방송되는 동안 시각적 환영은 마치 '고무장갑을 낀 손' 마냥 시청자의 의식 속으로 들어가 인간을 대신한다. 이러한 심리과정에서 저항할 수 없는 집단 무의식의 체험이 이루어진다.

> 사실상 시청자의 의식을 대치한 시각적 주체는 존재하지 않는다. 그것은 단지 광고감독이나 몽타주작가, 촬영기사의 공동 작업이 낳은 효과에 지나지 않는다. 그러나 시청자에게서 이러한 시각적 주체보다 더 현실적인 것은 아무것도 없게 된다.(121)

지라르(R. Girard)가 '욕망의 삼각형'[12]을 통해 설명했던 복제된 욕망은 시각적 주체의 출현으로 구체화되고, 그 주체의 "자기정체성은 단지 욕망하는 상품들의 목록과 그 목록의 획득을 통해서만 가능해진다."(132) 이는 변함없는 영원성, 개성을 포기함으로써 가능한 결과다. 복제된 욕망과 현실의 간극에서 '꿈' 같은 현실도피가 생겨나고, 급기야 스스로를 허구적 자아와 동일시하는 인격분열(일종의 광기) 현상을 낳고야 만다. 이러한 분열현상은 주인공 타타르스키의 이름 바빌렌(Вавилен)에서 암시되는데, 바빌렌은 'Василий Аксенов'와 'Владимир Ильич Ленин'의 이니셜을 딴 것으로 그의 아버지가 사회주의에 대한 믿음과 60년대의 이상을 부여해 지은 이름이다. 하지만 아들은 그 이름을 부끄러워하며, 친구들에게는 자신의 아버지가 동양적 신비에 대한 갈구에서 고대 도시 바빌론을 염두에 두고 지은 이름이라 둘러댄다. 18세가 되어 여권을 상실한 타타르스키는 블라디미르란 이름으로 제2의 여권을 발급받는다. 바빌렌과 바빌론, 블라디미르와 보바 등으로 변화되는 주인공의 이름에는 다양한 사회, 역사적 의미가 내포되어 있다. 여기서 이름은 곧 브랜드를 뜻하는 것으로 타타르스키의 동료 하닌의 표현처럼 "각각의 아브라함에게 자신의 프로그램이 있고, 각각의 브랜드는 자신의 전설을 갖는다."(161) 바빌렌 타타르스키는 그 자신이 광고인이자 그 물건인 셈이다(Лейдерман, Липовецкий, 2001: 65).

펠레빈에게서 이중인격적 존재인 시각적 주체는 호모 사피엔스의 변종, '호모 자피엔스(Homo Zapiens)'[13]라는 별칭을 얻는다. 이는 광고의 홍수 속에서 "광고를 제대로 보지 않고 이 채널에서 다른 채널로 동분서주하는"(123) 무리를 일컫는 표현이다. 호모 자피엔스의 정체성은 철저한 자본의 지배하에 놓이며, 텔레비전과의 관계에서 인간은 '욕망의 새장'에 갇힌 신세이자 TV는 "신경과민 증세를 수반하는 공생의 체계"(125)로 간주된다. 사실상 TV 광고의 최대과제는 상품구매가 인간에게 행복을 가져다준다는 인상을 주입하는 데 있다. 시청자는 행복을 얻기 위해 물건을 구매하지만, 광고가 제시하는 행복은 현실이 아닌 카피에만 존재할 뿐이다. 결국 광고가 만들어낸 시뮬라크르의 세계는 현실 아닌 현실로 인간을 내몰며, TV 중독자만을 양산해 내는 결과를 낳는다.

카피라이터인 타타르스키는 마카닌의 페트로비치나 데카당스 시인 푸스토타(펠레빈의 이전 작품 『차파예프와 푸스토타(Чапаев и Пустота)』(1996)의 주인공)와는 정반대 인물이다. 페트로비치나 푸스토타가 진정한 현실을 확신하지 못하는 데 반해, 타타르스키는 자신이 직접 세계를 선택하며 그 선택에 전력을 다해 매달린다. 그는 포스트소비에트 현실에 전적으로 뛰어들기 위한 '자극제'를 필요로 하는데, 그로 인해 또 다른 현실의 환영을 구축하고 만다. 푸스토타가 철학적 사고를 통해 정신병원에서 벗어나는 것과는 달리, 타타르스키는 가장 현실적 인물인 양 하면서도 오히려 이중 환영을 통해 허구의 세계에 갇히고 만다. 푸스토타가 낭만적 모더니스트이자 진정한 시인, 진리로서 무를 획득하는 창조자의 형상이라면, 타타르스키는 더 이상 고전적 의미의 창조자를 원치 않는 새로운 시대의 창조자, '크리에이터'에 머문다. 6페이지 가량 긁적거린 자신의 광고 카피가 지나치게 길고 여전히 문학적 취향을 벗어나지 못한다는 지적에 그는 결코 창조자가 아닌 크리에이터로 거듭나기 위해 몰두한다.

> 문학 추종자들이여! 몇 번을 반복해야 알겠는가. 여기서 우리가 필요로 하는 것은 창조자가 아닌 크리에이터인 것을. 영원한 행복은 시각적 배열 방법에 의해 다시 주어지지 않는다.(233)

> 파리를 마샤 라스푸치나로, 문학평론가를 새로운 러시아인으로, 푸쉬킨, 크릴로프 그리고 차다예프를 다른 새로운 러시아인으로 바꾼 것은 매우 잘한 것이라 확신한다. 변소를 분홍빛 실크로 덮는 것. 모놀로그를 다시 쓰는 일 – 화자는 라주르 해변가 레스토랑에서의 주먹질을 기억해 낸다. 문예학과의 결합, 현실적 고객에 대해 생각할 때이다.(235)

타타르스키가 광고 카피로 준비한 것은 그 속물적 뉘앙스로 인해 강한 희극적 색채를 자아낸다. 그 속에서 개인의 자유는 광고 기술로 쉽게 뒤집혀질 수 있으며(시뮬라크르가 현실을 대치), 모든 광고 카피는 가상현실의 사각판 위에 펼쳐진 사이비 행복과 자유의 자극제가 된다. '다리미와 뚜껑 달린 하수관 막이, 레몬 등이 자유를 상징'하기 시작하며, 그것을 위해 현대인은 많은 비용을 지불해야 한다. 환영의 창조자와 그것을 요구하는 인물과의 간격은 점차적으로 가늠하기 힘들어지고 매스미디어가 활보하는 대중사회에서 카피라이터는 창조자를, 타타르스키는 푸스토타를 대신한다. 그럼에도 수많은 광고 카피를 기획한 타타르스키가 마지막에 비디오를 보면서 눈시울을 적시는 장면은 매우 인상적이다. 그는 자신이 직접 출연한 보드카 광고 '가짜 보리스 2세'와 즉석수프 광고 '카르미노 부라노(Кармино Бурано)' 테이프를 갖고 있지 않다. 많은 이들이 기억하고 있는 그 장면을 그는 기억조차 못하는 것이다. 그가 가장 좋아하는 비디오는 TV에서 한 번도 방송되지 않은 'Sta, viator! (Шта, авиатор의 변형)'라는 카피를 담은 이스라엘 맥주광고이다. '고독한 순례자'의 그림을 담은 미완성 광고를 보면서 눈물을 글썽이는 타타르스키! 그는 뜨거운 태양이 내리쬐는 한낮의 가로수를 힘들게 통과하고서 푸른 지평선을 향해 천천히 걸어간다.

>나는 감상적이다. 만약 당신이 내가 생각하고 있는 것을 이해한다면;
>나는 조국을 사랑하지만 거기서 발생하는 일들을 참을 수는 없네.
>그리고 난 좌파도 우파도 아니지.
>단지 난 오늘밤 집에 머물 뿐이네.

이 작은 희망 없는 스크린 속에 빠져서.

이 삭품의 에피그라프로 사용된 코헨(L. Cohen)의 가사는 마지막 장면과 자연스레 결합되어 지평선을 향해 걸어가는 타타르스키를 노래한다. 그는 혼돈과 위기, 시뮬라크르로 상징되는 우리 시대의 창조자, '고독한 순례자'이다. 『P' 세대』는 펠레빈 시학의 경계를 드러낸 것으로 작가는 현실의 '나'와 주인공 '나'의 긴장된 관계를 통해 종교적, 윤리적 이상에 근거한 러시아 고전 전통에 역설로 다가선다. 그보다 한 세대 앞선 포스트모더니즘 작가들이 이러한 전통을 격렬한 논쟁이나 해체, 거부의 대상으로 여겼다면, 펠레빈은 보편적 진리의 부재, 공허함, 자유획득의 이상적 모델로서 '환영의 진정성'을 주제로 다룬다. 전통의 계승과 거부 사이에서 그는 어쩌면 대단히(!) 포스트모던적인 조화의 길을 모색하고 있는 중인지 모른다.

* * *

포스트소비에트 문학은 이전까지 러시아 문학이 누려왔던 전통적 권위와 사회적 역할을 벗어나 새로운 존립기반을 구축해야 하는 중대한 전환점에 놓여 있다. 페트로비치와 타타르스키의 형상에서 드러나듯이 현대 러시아에서 작가는 더 이상 인간 영혼의 심연과 종교적, 윤리적 이상을 설파하는 교사나 심판관이 아니다. 그들은 단지 전통 장르와 문체에 대한 혼성모방과 패러디를 구사하는 유희자, 아이러니스트, 광고기획자로 활약 중이다. 각기 다양한 방식과 관점에서 소비에트 해체의 '후폭풍'을 체험하며, 빈곤과 범죄, 섹스, 욕망, 불합리 등으로 표출되는 '악'의 경험을 통해 동시대 러시아인이 겪는 박탈감과 공허함, 정신적 방황과 혼돈, 정체성 상실 문제를 그려 낸다. 물론 여전히 많은 작가들은 고전적 소명을 잊지 않은 채 전통과 현대, 도시와 농촌, 자연과 문명 간의 비극적 충돌을 간파하고, 미래 좌표를 상실한 러시아 대중에게 슬라브적 윤리와 휴머니즘의 비전을 제시하기 위해 고민 중이다. 그러나 현대 러시아의 신세대에게 그들이 던지는 교화와 계몽의 메시지는 별다른 호응을 얻지 못한 채, 종종 거부 대상이 되는 것이 사실이다. 이는 비단 러시아 문학만의 문제라기보다 후기 자본주의 사회를 살아가는 전 지구적 문제이기도 하다.

그럼에도 불구하고 페트로비치의 '일격의 철학'은 작품 속 추종자 치첼린의 숭배의 대상이자, 그는 세상에서 가장 문학적인 나라에 살고 있는 '우리 시대의 주인공'이자 러시아의 '잠재의식'이다. 그의 의도와 상관없이 많은 독자들은 21세기 인류의 희망을 발견하기 위해 페트로비치를 읽으며, 새 시대의 창조자 타타르스키 역시 같은 이유에서 페트로비치를 찾을 것이다. 한층 더 격상된 예술적 광고를 위하여! 흥미롭게도 포스트소비에트에서 문학과 작가의 영향력은 여전히 유효해 보인다. 천년에 걸쳐 축적되어 온 선도문화로서 러시아 문학은 타 문화장르(특히 공연예술과 영상예술)와의 교류 속에서 더욱 빛을 발하고 있으며, 놀랍게도 디지털 시대 콘텐츠 제공의 원천으로 중요한 기능을 담당하고 있다. 그래서인지 21세기 초 러시아에서 도스토예프스키는 더 바빠 보인다.

주석

01 러시아 역사에서 문학과 사회, 현실의 관계는 다채롭게 전개되어 왔는데, 그 과정에서 '형상어'의 무게는 실로 대단한 것이었다. 주지하다시피 고대 루시(Русь)에서 문자성은 정교의 도입과 더불어 시작되었으며, 루시 문화에서 문어는 절대적 권위의 상징이었다. 루시인들에게 '말(слово)'은 곧 '신의 말씀'으로 다가왔으며, 인쇄술은 단지 기술적 영역을 넘어 정신적 영역으로 간주되었다. 그 당시 책, 필사본의 가치는 그것을 만든 사람과 동등하게 취급되었으며, 펜은 정신적 각인의 상징으로 간주되었다. 러시아 근대화의 기반을 닦은 18세기는 바야흐로 문학의 영향력이 형성되는 긴장의 시기라 할 수 있으며, 그즈음 약화된 교회와 성직자의 권위는 자연스레 문학과 작가의 몫으로 넘어가게 되었다(Казарина, 2000: 6~30).

02 혁명 전야 로자노프의 눈에 비친 러시아 문학의 풍경은 과히 절망적이었다. 그는 위대한 19세기 문학의 사라짐과 혁명 이후에 도래할 러시아 문학의 묵시록을 '파국'으로 내다보았다.

03 『직계(Прямая линия)』(1965)를 처녀작으로 약 30년째 작품 활동을 계속하고 있는 마카닌은 1970년대에 가장 주목받은 소비에트 작가들 중 한 명으로, 1990년대에 들어와서도 신사실주의 계열 작가들인 하리토노프(М. Харитонов), 고렌쉬테인(Ф. Горенштейн), 페트루셰프스카야(Л. Петрушевская)와 더불어 포스트소비에트 문학을 대표하는 작가로 자리매김된다. 『개구멍(Лаз)』(1992)에 이어 나온 『언더그라운드』는 아직껏 베스트셀러 자리를 지키고 있으며, 이 책으로 마카닌은 '러시아 연방국가상'(2000)을 수상했다.

04 마카닌의 작품에는 부락과 세대 그리고 군중으로 이어지는 "무리를 이루는 일련의 형상들"이 등장하며, 이들 각각은 거대한 메타포적 힘의 상징으로 존재한다. 이 소설에서 그 같은 형상으로 '공동주택'을 들 수 있다. 이는 단지 공동주거지라는 외적 형태를 넘어 이 같은 삶의 양식에 내포된 본질의 문제를 건드린다(Лейдерман, Липовецкий, 2001: 129-132).

05 이 소설의 자전적 성격과 시공간적 배경에 대해서는 다음을 참조하시오: Архангельский, 1998: 181~183; Немзер, 1998: 184~185.

06 어느 날 주인공은 자기 어머니의 유일한 사진이 무수한 이사에도 항시 챙겼던 낡은 타자기로 인해 망가지는 사건을 경험한다. 이는 언뜻 '무익한 작가성'에 의해 소중한 일상의 삶이 조각난 것이라 할 수 있는데, 사건 후 그는 타자기를 내동댕이치며 침대 밭아래 방치한다.

07 피에추흐(Пьецух, 1998)는 중편 소설 「새로운 모스크바 철학」(Новая московская философия)의 시작에서 문학의 사회적 힘과 민족의식의 토대로서 러시아 문학의 역할에 주목하면서, 러시아인의 삶 자체가 문학적 규범과 형상에 따라 만들어졌으며, 문학이 모든 것을 배양시켰다는 점을 강조한다. 그에 따르면 러시아인의 문학에 대한 경외심은 단단한 뿌리를 가진 것으로 그들에게서는 "문학이 삶의 반영이 아니라 삶이 문학의 반영"이 된다. 우리 시대의 주인공 페트로비치의 삶은 다름 아닌 '문학적 반영의 삶'이다.

08 1962년 모스크바 태생인 펠레빈은 1994년 미국 잡지 뉴요커(New Yorker)가 선정한 세계의 젊은 작가 6인의 한 사람으로 선정되었으며, '러시아 신세대 대표작가'라는 격찬을 받기도 했다. 그는 선배 작가들이 겪어야 했던 이념적인 문제와 맞서 '수용' 혹은 '거부'의 시간을 갖지 못한 세대로, 그의 작품은 1970~1980년대의 전기 포스트모더니즘 작가들과 구별된다. 1990년대 후반 포스트모더니

즘의 열기가 한풀 꺾이는 상황에서도 펠레빈은 러시아 국내외에서 부동의 위치를 점하고 있다. 항공 엔지니어라는 특이한 이력의 소유자인 그는 해박한 지식과 경험을 바탕으로 소련 우주항공 산업계의 병폐와 모순을 다룬『달의 뒤통수(Омон Ра)』(1993)를 처녀작으로, 「벌레들의 삶(Жизнь насекомых)」(1993),「노란화살(Желтая стрела)」(1996) 등에서 소비에트 사회의 허위와 야만성, 탈신화화된 포스트소비에트의 폐허와 상처를 잘 보여 준다.

09 파블로프(Павлов, 1999: 204)는 현대사회 커뮤니케이션의 두 가지 조건으로 '네트워크 확보'와 '정보 전달'을 들면서, 오늘날 여러 학자들이 어렵고 두꺼운 이론서를 통해 주장한 것을 펠레빈은 쉬운 대중소설의 형태로 제시했음을 지적한다. 그에 따르면 펠레빈은 네트워크 확보에 성공했으며, 가장 효과적인 방법으로 현대사회의 허구를 폭로했다.

10 시뮬라크르는 "실제로 존재하지 않는 대상을 존재하는 것처럼 만들어 놓은 인공물"을 칭하는 것으로 보드리야르는 포스트모던 시대 가상현실의 세계를 이 용어를 빌어 설명한다. '실체 없는 이미지', '기의 없는 기호'를 의미하는 시뮬라크르는 현존하는 실제 대상을 흉내 내거나 모방하는 것과는 달리 모방할 대상이 없는 이미지이며, 현실은 이 이미지에 의해서 지배받게 되기에 오히려 현실보다 이미지가 더 현실적인 것으로 부각되어진다. 그러기에 고대 플라톤의 고전철학에서 최하위의 단계로 분류되었던 '모방의 모방 단계'인 허상(eidolon), 즉 시뮬라크르의 세계는 오늘날 포스트모던 시대에 와서는 최상의 단계로 격상하는 전복을 맞으며, 이 시뮬라크르적 가치에 의해 이상적, 절대적 가치들은 소멸할 운명에 처해진다(보드리야르, 2001: 9~21).

11 도스토예프스키의『카라마조프 형제들』제3권 3, 4, 5장은 "열렬한 마음의 고백"이란 제목으로 '시'와 '이야기' 그리고 '곤두박질'의 순으로 전개되는데, 이는 고상한 마돈나의 이상에서 적나라한 현실의 참담함으로 내려앉는 과정을 묘사한다.

12 프랑스 문예이론가 지라르는 『낭만적 허위과 소설적 진실(Mensonge romantique et vérité romanesque)』(1969)에서 '욕망의 삼각형' 구조를 이용해 자본주의의 속성인 욕망 체계와 소설 형식 사이의 관계를 밝힌다. 주체와 대상, 매개자의 삼각관계를 기본 틀로 한 욕망의 메커니즘에서 주체는 자발적으로 대상을 욕망하는 것이 아니라 타자(매개자)의 욕망을 모방하는 것뿐이며, 이는 결국 욕망의 '자율성'을 환상에 불과한 것으로 만들어 버린다(르네 지라르, 1997).

13 'zapping'은 광고 채널을 이리저리 돌리거나 비디오테이프를 틀 때 광고를 건너뛰는(빨리 돌리는) 현상을 일컫는 말로, 광고의 홍수 속에 허우적대는 현대 부르주아 사회의 TV 문화를 비꼬는 표현이다. 'zapping'에서 유래한 'Zapiens'에는 조소적 뉘앙스와 저자의 비판적 의도가 담겨 있다.

제3장

고전의 무대화와 도스토예프스키

1. 극장의 부활과 고전의 무대화

포스트소비에트 문학장의 변화와 마찬가지로 문화예술계 전반은 새로운 상황에 따라 재편되기 시작한다. 문학과 가장 밀접한 관계에 놓인 연극의 경우, 이 시기 연극인들은 전통과의 단절이 강조되는 혼돈의 시간을 통해 다양한 콘텐츠를 축적하는 반면 오랜 세월 유지된 국가 지원금이 대폭 감소, 중단됨에 따라 생존의 문제에 직면하는 고통스러운 모색기를 거치게 되었다. 특히 1980년대 후반~1990년대 러시아 연극계는 다채로움과 나란히 혼란과 갈등의 연속이었으며, 금기로부터의 해방과 표현의 자유라는 이름 아래 새로운 형태의 모순과 가치관의 혼돈을 경험하는 '위기'의 시간을 보내야만 했다(김 아나톨리, 1996: 37~54 참조).

그런데 다른 분야와 달리 연극계의 위기 상황은 1990년대 후반 외환위기를 지나 특히 푸틴 집권하에 훨씬 정돈되고 안정적인 모습을 찾아가고 있다. 1990년대 중반을 지나 연극 레퍼토리는 저속한 에로티시즘과 포르노그래피, 검증되지 않은 서구 아방가르드 작품에서 벗어나 고전에 대한 관심과 재해석으로 방향을 잡았으며, 내부 갈등으로 골머리를 앓던 기존 극장들도 안정 궤도에 접어들기 시작했다. 변화된 상황에서 국가의 직접적 지원과 간섭이 최소화되는 반면 기업과 개인 차원의 후원단체들이 조성되고 있다. 표현의 자유를 보장받은 능력 있는 연출가들은 자신의 극단을 직접 지휘, 운영하는 자율성을 획득하게 되었고, 2000년대 중반 모스크바에만 약 40개 국립극장과 150여 개가 넘는 스튜디오 극장이 생겨나 다양한 장르의 작품이 상연되고 있다. 게다가 '체홉국제페스티벌', '세계연극올림피아드' 등 국내외 공연 페스티벌이 개최되면서 수많은 다양한 관객이 극장으로 몰려가는 풍경은 마치 공연예술의 '르네상스'를 상상하게 한다.

 2000년대에 접어들어 러시아 연극은 급성장하는데, 레퍼토리와 관련해 가장 눈에 띄는 현상으로 고전의 무대화를 들 수 있다. 물론 러시아 및 세계 주요 고전문학은 소비에트 시기에도 극장의 주요 레퍼토리로 자리매김되었지만, 최근 5년간 그 양적, 질적 변화는 전례를 찾기 힘들 정도다. 마치 중세를 벗어나 고전에 대한 열의와 탐구 정신으로 꽃피웠던 르네상스를 연상시키는 듯 오늘날 러시아 연극무대는 고전 작품들의 경연장을 방불케 한다(제4장 〈표-1〉 참조). 사실상 극장 레퍼토리에서 고전 작품의 부각은 비단 러시아뿐 아니라 전 세계적 현상이다. 이는 연극의 중심이 극작가에서 연출가로 넘어간 변화, 드라마의 문학성보다는 극장주의적 연극성이 강화된 상황, 그리고 포스트모던 문화의 대표적 특징인 해체와 패러디의 득세로 인해 고전이 그 재료로 활용되기에 대단히 유용한 사실에 기인한다.

러시아의 경우 고전의 활용은 오랜 사회주의 체제에서 구축된 레퍼토리 극장문화로 인해 남다른 성격을 띤다. 비록 검열과 규제가 도사린 제한적 상황에서의 작업이었으나, 소비에트 시기 반복된 고전의 무대화는 단순한 재현을 넘어 동시대 문제를 진단하고 비판하는 대중소통의 통로였다. 이 과정을 통해 숙성되어 온 러시아 연극인들의 창조적 역량은 개방 이후 표현의 자유가 전면적으로 허용된 포스트소비에트 공간에서 더욱 빛을 발하고 있다. 최근 전 세계적 주목을 끌고 있는 대표 연출가들의 작품 역시 고전과의 대화를 특징으로 한다. 포멘코(П. Фоменко)는 톨스토이, 아르치바셰프(С. Арцибашев)는 고골, 포킨(В. Фокин)은 고골과 도스토예프스키 같은 특정 작가에 집중하는가 하면, 모스크바 청소년극장(МТЮЗ)의 대표이자 부부 연출가인 긴카스(К. Гинкас)와 야노프스카야(Г. Яновская)는 푸쉬킨과 도스토예프스키, 오스트로프스키(Н. Островский), 체홉 등 19세기 러시아 문학의 대표 작가를 두루 다룬다. 특히 타간카극장(Театр на Таганке)의 류비모프(Б. Любимов)는 80세 고령에도 불구하고 「카라마조프 형제들(Братья Карамазовы)」(1997)로 독일 뤽스부르크축제 그랑프리상을 수상하는 것을 비롯해 「의사 지바고(Доктор Живаго)」(1993), 「예브게니 오네긴(Евгений Онегин)」(2000), 「파우스트(Фауст)」(2003) 공연을 초연으로 올리고 있다.

한편 포스트소비에트 시기 고전의 무대화는 관객 측면에서 주목할 필요가 있다. 최근 10년 간 극장 관객조사에서 보듯이 고전에 대한 관객의 선호도는 점점 증가하는 추세다. 1990년대 중반 30-35%에 이르던 고전 선호도는 2005년 통계에 따르면 거의 65%를 넘는 대단한 상승세를 보인다(МАСМИ, 2005). 개방 초기 오랫동안 금지되었던 모더니즘 계열의 작품과 실험극, 상업성에 치중한 에로틱 쇼를 방불케 하는 포르노성 공연에 대한 수요가 점증했으나, 어느새 극장은 원래 기능을 회복해 가고 있다. 물론 이전과 같은 현실 비판과 정치적 회합의 장으로서 극장의 역할은 많이 약해졌다고 볼 수 있다. 그러나 관객 대중은 여전히 고전에 대한 향수를 지닌 채 극장을 찾으며, 고전을 통해 시대를 관통하는 보편적 진리와 부조리한 현실을 껴안고자 한다. 이 같은 현상은 오랜 기간 체계적으로 습득된 고전교육의 바탕에서 가능한 것으로, 현대 러시아 관객은 세계에서 가장 수준 높은 인문학적, 예술적 취향의 수요자들이라 할 수 있다. 이는 험난한 시기를 통해 러시아 연극이 결코 관객의 기대를 저버리거나 쉽사리 현실과 타협하지 않고 제 위치를 지켜온 데 대한 관객의 믿음에서 비롯된 것이기도 하다. 연극평론가 스멜랸스키(Смелянский, 1987: 5~7)가 지적하듯이, 고전과의 적극적인 대화는 단절되었던 러시아의 예술사조를 발전시키고 새로운 무대언어를 창조하며, 전환기 자신의 정체성을 찾고 현실과의 새로운 관계, 미래에의 전망을 모색하는 과정이라 하겠다.

  이 글에서는 현대 러시아연극 레퍼토리의 가장 두드러진 현상 가운데 하나인 고전의 무대화를 도스토예프스키의 경우를 통해 접근해 본다. 2002년 초연을 올린 뒤 2007년 현재 인기몰이를 하고 있는 두 공연 네베지나(Е. Невежина)의 「죄와 벌(Преступление и наказание)」과 아르치바셰프의 「카라마조프씨네(Карамазовы)」를 중심으로 러시아 연극인들이 대문호의 고전을 통해 찾고자 하는 것은 무엇이며, '지금, 여기'의 관객들과 만나기 위해 어떤 새로운 무대를 만들어가는지를 살펴볼 것이다. 이는 문학 텍스트를 넘어 공연 텍스트로 끊임없이 재해석되고 있는 도스토예프스키 작품의 가치와 여전히 유효한 고전의 의미를 되짚는 작업이 될 것이다.

2. 도스토예프스키 소설의 무대화

현대 러시아연극 레퍼토리에서 도스토예프스키는 연출가들에게 가장 비중 있는 문제적 작가이자 관객들에게는 가장 인기 있는 대중작가로 자리매김한다. 최근 5년간 통계는 현대 러시아연극에서 그의 위상을 확인시켜 주며, 연극평론가 다비도바(Давыдова, 2006)의 표현처럼 '도스토예프스키 붐'을 연상시킨다.[01] 물론 이러한 수치와 현상은 대문호의 무게를 고려한다면 당연한 것으로 보이나, 다른 한편 다양한 궁금증을 불러일으킨다. 우선 도스토예프스키는 장르상 단 한편의 드라마도 남기지 않은 산문 작가이지 않은가! 게다가 빈번하게 무대화된 후기 장편소설의 경우, 지나치게 많은 등장인물과 복잡한 사건구성, 그리고 심오한 나머지 결코 해석이 용이치 않은 여러 철학적 문제의식으로 인해 시공간과 행위의 제약을 기본으로 하는 연극으로의 전환이 어떻게 가능했을까? 또한 영상문화의 위세 아래 상당히 위축된 모습으로 비춰지는 고전소설의 위상이 이곳 연극무대에서는 어째서 다른 모습으로 나타나는 걸까?

일찍이 도스토예프스키가 드라마 형식에 회의적이었으며, 결코 작품화하지 않았다는 사실은 작가 동시대 연극인들의 의문의 대상이었다. 『죄와 벌』의 무대화를 원했던 연극배우 오볼렌스카야(В. Оболенская)의 편지에 도스토예프스키는 다음과 같이 답한다: "저의 소설에서 드라마를 끌어내 보라던 당신의 제안에 저는 물론 전적으로 찬성입니다. 〈…〉 그러나 그런 시도들 대부분이 전혀 성공하지 못했다는 점을 지적하지 않을 수 없습니다. 서사형식과 드라마형식의 부합점을 찾을 수 없음은 일종의 예술적 신비입니다. 그런데 저는 다양한 예술형식에 부합하는 일련의 시적 사고가 존재한다는 사실을 믿습니다. 하나의 사고는 그에 어울리지 않는 다른 형식으로는 결코 표현될 수 없기 때문입니다."(Достоевский, 1986: 225).

작가 자신의 창작개념을 잘 담아낼 수 있는 최상의 형식을 찾는 작업은 도스토예프스키 일생에 걸쳐 매우 중대한 작업이었다. 그가 말했듯이 작품의 "예술성이란 독자가 작가의 사상을 마치 작가 자신이 이해한 정도까지 그렇게 완전히 이해하도록 자신의 인물 형상 속에 표현하는 능력이다"(Достоевский, 1987: 74). 그런 의미에서 시공간의 제약을 기본으로 하는 드라마는 심오한 철학적 주제를 동시대인들의 긴장된 삶을 통해 열린 형식으로 표현하고자 했던 작가의 의도에 소설보다 적합지 않았던 것으로 판단된다. 류비모프(Любимов, 1981: 52)의 표현처럼 장르란 "현실에 대한 저자의 태도"이자 "현실의 가치적 수용"이다. 복잡다단한 19

그림 3-1 도스토예프스키의 이름을 딴 노보고르드 국립드라마극장 CI(심벌마크)

세기 후반 러시아 사회를 반영하기엔 극적 대화인 드라마보다 극화된 내용으로 수많은 무대적 상황을 그려낼 수 있는 소설이 작가의 세계관을 더 잘 표현할 수 있었을 테다.

그런데 오볼렌스카야에게 보내는 편지에서 도스토예프스키는 자신의 작품을 무대화하는 데 필요한 '유혹적인' 힌트를 제공한다: "만약 할 수 있다면 드라마 각색을 위해 하나 정도의 에피소드를 취해 할 수 있는 최대한 소설을 개작하든지, 아니면 가장 중요한 사상을 남겨둔 채 드라마 구성을 완전히 바꾸도록 하십시오.〈...〉 그렇다고 제 말을 만류하는 것으로 받아들이지는 마십시오. 다시 말하건대 저는 당신의 생각에 전적으로 공감하며, 일을 꼭 성사시키겠다는 당신의 바람이 저로선 무한한 영광일 뿐입니다"(Достоевский, 1986, 225).

사실상 소설 속 에피소드를 취해 드라마로 만들려는 계획은 작가 자신에 의해 기획된다. 연극평론가 수보린(А. Суворин)과의 대화에서 도스토예프스키는『카라마조프 형제들』중 한 가지 에피소드를 드라마로 개작하려는 의도를 피력하며, 일찍이 드라마에 대한 편견을 갖고 있었음을 고백한다: "내겐 드라마에 관한 일종의 선입견이 있지요. 벨린스키가 말하기를 진정한 극작가는 20세부터 쓰기 시작해야 한다더군요. 내 머리 속에선 이 말이 항상 맴돌고 있었지요. 그러다 보니 감히 용기를 내지 못했던 겁니다. 어쨌든 올 여름에는『카라마조프 형제들』가운데 한 에피소드를 드라마로 만들어 볼 결심을 했습니다."(Достоевский и театр, 1983: 6). 이후 얼마 안 되어 도스토예프스키는 임종을 맞는다. 드라마에 대한 작가의 기획은 이후 러시아 연극계에 도스토예프스키 작품의 무대화라는 새로운 화두를 던져 놓게 되었다.

1910년 네미로비치-단첸코(Вл. Немирович-Данченко)의 연출로 모스크바예술극장(МХАТ)에서 막이 오른『카라마조프 형제들』은 진정한 의미에서 장편소설의 무대화에 성공한 '새로운' 연극으로 평가받는

그림 3-2 소설 『죄와 벌』의 삽화. 라스콜리니코프가 노파를 도끼로 내리치는 극적 순간을 묘사한 그림이다.

다.02 이미 체홉 극의 성공과 톨스토이, 입센, 고리키의 공연으로 명성을 쌓아 가고 있던 모스크바예술극장에서 새로운 세기의 도래를 알리는 의미로 도스토예프스키를 선택했다는 사실은 러시아 연극사에서 몇 가지 중요한 의미를 갖는다. 이 작품의 초연 직후 스타니슬라프스키(К. Станиславский)에게 보낸 편지에서 단첸코는 도스토예프스키 공연의 의미를 다음과 같이 지적한다: "만약 체홉과 더불어 연극이 관습의 틀을 밀어 올렸다면, 『카라마조프 형제들』로 인해 이 틀은 완전히 무너지고 말았습니다. 종합예술로서 연극의 온갖 관습들은 날아가 버렸으며, 이제 연극에서 불가능한 것이라고는 아무것도 없게 되었습니다." 이어 단첸코는 이것이 5년 아니 10년 정도로 마무리될 사안이 아니라 백년을 넘어 지속될 영원한 혁명이랄 수 있으며, 단순한 '새로운 형식'이 아닌 이전의 "모든 연극적 관습을 뒤엎는 파국"이라 칭한다. 따라서 "연극은 오스트로프스키부터 체홉까지, 그리고 체홉부터『카라마조프 형제들』까지를 생각하게 될 것이다"(Любимов, 1981: 8).

물론 단첸코의 지적은 자신이 세기 초 공연으로 도스토예프스키를 선택한 것에 정당성을 부여하려는 다소 과장된 것일 수도 있다. 그럼에도 '도스토예프스키에서 체홉'이라는 문학사적 순서를 거슬러 '체홉에서 도스토예프스키'라는 연극사적 역설을 만들었다는 점에서 대단히 흥미로우며, 일종의 예언적 의미를 갖는다. '희극적 비관주의'로 표현되는 체홉극이 세기말의 러시아 사회를 반영했다면, '비극적 낙관주의'를 내포한 도스토예프스키의 작품들은 세기의 시작에서 절실하게 필요했던 것인지도 모른다(함영준 1996: 452~455). 이는 비단 연극계에서의 현상만은 아니다. 베히(Бехи)를 주축으로 한 종교철학자들의 글에서도 잘 드러나듯이 도스토예프스키는 20세기 초 러시아와 동요하던 지식인 사회에 메시지를 던져준 '미래지향적' 작가임에 틀림없다.

일종의 선언을 방불케 한 도스토예프스키에 대한 단첸코의 평가는 고전의 무대화에 대한 새로운 시각과 더불어 바야흐로 연출가의 시대가 도래했음을 밝히는 출사표를 의미한다. 이전까지 셰익스피어에서 몰리에르, 푸쉬킨, 고골, 오스트로프스키 등으로 이어지는 러시아 극장의 주요 레퍼토리에서 연출가의 역할은 작가가 마련해 놓은 텍스트의 '지향성'을 연극적으로 재현하는 극히 제한적인 것에 불과했다. 그 어느 극작가도 연출가로 하여금 도스토예프스키가 던진 그 같은 '문제적' 과제를 제시하지 않았다. 새 시대 연출가 역시 도스토예프스키 작품을 무대 위에서 자기화하는 창작경험 없이 연출기법과 무대예술의 전방위적 혁신을 준비할 수 없었을 것이다. 20세기 초 러시아 연극에서 도스토예프스키 소설의 무대화와 연출가 연극의 등장은 그 맥을 같이한다.

과연 도스토예프스키 작품의 어떤 요소들이 새로운 무대화를 가능케 한 것일까? 1910~1920년대 작가 창작을 둘러싼 러시아 비평계의 논의를 살펴보자. 잘 알려진 『도스토예프스키와 소설-비극(Достоевский и роман-трагедия)』(1911)에서 이바노프(Вяч. Иванов)는 대문호의 소설을 '파국적 소설'이라 칭하며, 무대성을 함축한 소설 속 서사기법들에 주목한다. 단일한 시공간에서 펼쳐지는 인물들의 갈등과 긴장된 위기의식, 현실감을 결여한 철학적 대화들, 결코 타협을 모르는 극단적 성향의 주인공들은 도스토예프스키 소설의 드라마성과 무대성의 요소를 이루는 대표적 특징들이다. 물론 '비극'이란 비유는 이미 작가와 동시대 비평가인 벨린스키나 그리고리예프에 의해 사용된 적이 있으나, 그 경우 장르적 고려가 아닌 단지 작가 초기 작품의 독특한 구성과 연관된 것이었다. 이와 달리 이바노프는 도스토예프스키에게서 "모든 내적인 것은 행위를 통해 드러나야 한다"는 공식을 이끌어 내며 장르적 의미에서 "소설-비극"이란 표현을 사용한다(Иванов, 1916: 5~60).

또한 그로스만(Л. Гроссман)은 도스토예프스키 소설 구성의 특징을 "융합하기 힘든 것들의 결합", "모순의 통일성"이란 차원에서 파악하면서 작품 속 대화의 중요성을 강조한다. 그에 따르면 상호 모순되는 다양한 시점을 반영하고 이끌어 갈 수 있는 담화나 논쟁이 도스토예프스키의 경우 철학적 사유의 형식으로 나아가는데, 그 속에서 각각의 견해는 마치 살아 있는 존재인 양 열정적인 목소리로 설명된다. 극적 행위인

이 같은 대화 형식을 가리켜 그로스만은 '철학적 드라마'라 칭하며, 나아가 작가의 후기 장편을 '신비극(полифонический роман)'이라 규정한다(Гроссман, 1924: 9~10). 루나차르스키(А. Луначарский) 역시 도스토예프스키의 작품을 극적, 철학적 대화로 이해하는데, 그는 도스토예프스키가 항시 내적으로 비극을 체험하고 비극적 현실을 묘사한다는 의미에서뿐 아니라 형식상 최고의 드라마 기법을 사용한다고 주장한다: "등장인물들 간의 토론, 말과 행동에 의한 토론이 끊임없이 이어지는데, 바로 이것이 도스토예프스키 작품의 주요 특징이다"(Луначарский, 1970: 165~166).

한편 바흐친(М. Бахтин)은 도스토예프스키의 소설을 '다성악 소설(полифонический роман)'이라 칭하고, 그 '대화성'을 드라마의 극적 대화와 구별한다. 그에 따르면 "드라마는 본디 타고나기를 진정한 다성악과는 무관하며, 다면적이 될 수 있을지는 몰라도 다세계적이 될 수는 없다." 또한 "드라마에서 극적 대화와 서사 형식에서 극화된 대화는 항상 확고부동한 독백적 테두리로 둘러싸인다." 드라마에서 "모든 대화적 대립을 해결하는 극적 행위의 개념은 순수하게 독백적인 것이다." 그런 의미에서 바흐친은 도스토예프스키의 다성악 소설에서 극적 대화는 부차적 역할에 머물 뿐이라 강조한다. 그럼에도 불구하고 바흐친의 논의는 드라마 텍스트를 넘어 무대화란 차원에서 달리 해석될 수 있는 가능성을 열어 놓는다. 그가 주장한 도스토예프스키의 '대화성'이 단지 형식이 아닌 작가 세계관의 반영이라면 그 무대화의 가능성은 더욱 커진 셈이라 하겠다(Бахтин, 1979 а: 41, 20).

도스토예프스키 창작에 대한 연구자와 대중의 관심이 보여 주듯이 작가 소설의 무대화에 대한 새로운 요구는 1950년대 해빙을 기점으로 제

2의 도약을 만들어 낸다. 바흐친의 『도스토예프스키 시학의 문제들(Проблемы поэтики Достоевского)』(1963)이 재출판됨에 따라 그 학문적 열기는 크게 고조되고 문화예술계 전반으로 확대된다. 소비에트 연극무대에서 도스토예프스키는 1960~1970년대 대표적 연출가들의 '고전의 무대화' 작업에 의해 새로이 규명되면서 극장의 주요 레퍼토리로 자리매김한다. 1958년 토프스토노고프(Г. Товстоногов)의 연출로 레닌그라드 볼쇼이드라마극장(БДТ)에서 상연된 『백치(Идиот)』는 날카롭고 창의적인 해석으로 주목받는다. 그는 소설 자체의 논리에 상응하는 연출가의 몫을 찾으며, 주인공들 행위의 외적 역동성보다는 긴장된 내적-정신적 삶을 전달하는데 주력하였다. 『죄와 벌』을 각색한 자바드스키(Ю. Завадский)의 「페테르부르그의 꿈(Петербургские сновидения)」(1969)은 이후 소비에트 연극레퍼토리에 오래 남았던 작품으로, 비현실적인 상징적 무대 분위기를 통해 소설 속 공간 페테르부르그의 이중적, 환상적 성격을 잘 담아냈다고 평가받는다(Рябинянц, 1977).

자바드스키 이후 도스토예프스키 작품의 무대화는 당대 연출가들의 실험의식과 연출기법을 가늠하는 중요한 척도로 작용했으며, 에프로스(А. Эфрос)와 류비모프, 바실리예프(А. Васильев), 도진(Л. Додин)으로 이어지는 계보 속에서 소비에트 연극사에 회자되는 주요 공연들이 이어졌다. 그 가운데 「동생 알료샤(Брат Алёша)」는 극작가 로조프(В. Розов)가 『카라마조프 형제들』 중 가장 중요한 주제라 할 수 있는 '아이들의 테마'에 근거해 쓴 희곡으로, 에프로스에 의해 말라야브론나극장(Театр на Малой Бронной)에서 상연되었다. 로조프의 희곡이 가진 한계에도 불구하고 에프로스의 연극은 몇 개의 에피소드를 통해 도스토예프스키의 방대한 철학소설에 깃든 핵심 사상을 잘 포착했으며, 특히 배우들의 연기가 뛰어났던 것으로 유명하다. 로조프는 이 공연을 높이 평가하며, 자신이 드러내지 못한 도스토예프스키의 세계를 에프로스와 그의 배우들이 가능케 했음을 고백한다: "생각하건대 에프로스와 배우들은 도스토예프스키 사상과 감성의 최고 심연에 다다른 것 같다. 그런데 이것은 쉽지 않은, 아니 거의 도달하기 힘든 것이다. 〈...〉 에프로스는 바닥에서부터 뭔가를 끌어올린다. 바로 이점이 극본과 무대, 형상의 결정에서 중요한 것이다"(Достоевский и театр, 1983: 28~29).

에프로스와 더불어 류비모프의 도스토예프스키 해석 또한 연극계의 화제를 불러일으켰다. 소비에트 반체제 연극의 기수이자 '저항'의 상징인 타간카극장 예술감독인 류비모프는 1979년 「죄와 벌」의 초연을 통해 이전까지 무대 전통과는 확연히 구분되는 '논쟁적' 연극을 선보인다. 이전의 해석들이 주로 주인공 라스콜리니코프의 범죄이론과 살인 이후의 그의 도덕적 번민과 고뇌를 개인적 드라마 차원에서 다루었다면, 류비모프는 제일 국면에 라스콜리니코프과 스비드리가일로프의 분신 모티프를 등장시킨다. 보다 폭넓은 역사적 전망 위에서 연출가는 법적 죄와 도덕적 과오, 윤리적 징벌 사이에서 갈등하는 인간의 내적 모순에 초점을 맞춘다. 그는 쉽사리 라스콜리니코프의 이론에 면죄부를 주거나 참회하는 그의 고백을 끌어내지도 않은 채, 냉소적인 스비드리가일로프와의 관계에서 주인공 죄의 근원을 철저하게 파헤친다. 이후 류비모프는 거의 10년 주기로 도스토예프스키의 소설을 무대에 올리고 있다.

아이러니컬하게도 20세기의 시작에서 필요했던 도스토예프스키의 역할은 포스트소비에트 시기에 접어들어 더욱 유효한 듯 보인다. '미래지향적' 작가인 도스토예프스키는 포스트모더니즘 작가들의 단골소재로 현대 러시아문학에 빈번하게 등장하는가 하면, 크고 작은 극장무대의 주요 레퍼토리로 여전히 '새로운' 연극을 꿈꾸게 만든다. 류비모프, 도진, 긴카스, 로조프스키(М. Розовский), 포킨 등의 유명한 기성 연출가들은 물론 이제 막 입문한 신예 연출가들, 그리고 그동안 작가의 작품에 그다지 주목하지 않던 연출가와 극장에서도 도스토예프스키는 단골 레퍼토리로 자리 잡으며 많은 관객을 확보하고 있다. 현대 러시아 연극무대에서 도스토예프스키는 어떤 모습일까? 연극인들은 왜 계속해서 도스토예프스키를 찾으며, 무대는 어떤 전통과 새로움으로 21세기 관객들을 끌어당기는가? 최근 상연 중인 화제작을 중심으로 이 질문에 답해보겠다.

3. 현대 러시아 연극무대 위 도스토예프스키

3-1. 네베지나의 「죄와 벌」

도스토예프스키의 『죄와 벌』은 20세기 러시아 연극에서 빈번하게 무대화되어 주목받아 온 대표적 작품 가운데 하나다. 자바드스키의 「페테르부르그의 꿈」(1969), 블라디미로프(И. Владимиров)의 「죄와 벌」(1971), 류비모프의 「죄와 벌」(1979), 그리고 로조프스키의 「살인자(Убивец)」(1979) 등에서 알 수 있듯이, 해빙 이후 뛰어난 연출가들에게 이 소설은 자신의 연출 개념과 연극적 목표를 드러내는 일종의 통과의례 작이라 할 수 있다. 이는 『죄와 벌』이 지닌 시대를 관통하는 인간의 보편적 문제의식, '소설-비극'과 '다성악 소설'에 깃든 무대성과 극적 구성에 기인하는 바가 크다.

원작이 지닌 '절대적' 무대성 때문인지 아니면 지독히 혼란스런 '위기'의 시대 덕분인지 모르나 포스트소비에트 연극 레퍼토리에서 『죄와 벌』의 인기는 여전하다. 1991년 모스크바 청소년극장(МТЮЗ)의 작은 무대에 오른 긴카스의 「'죄'를 연기하다(Играем 'преступление')」를 비롯해 역시 긴카스의 후속작 「"죄와 벌" 속 К. И.(К. И. из "Преступления")」(1994), 로조프스키가 이끄는 니키트스키예바로타극장(Театр У Никитских ворот)에서 초연된 「살인자」(1993) 그리고 페테르부르그의 신예 연출가 코즐로프(Г. Козлов)의 「죄와 벌」(1994)은 1990년대를 대표하는 레퍼토리다.[03] 2000년대 들어와서도 이러한 추세는 지속되는데, 최근 5년간 『죄와 벌』의 무대화는 연극뿐 아니라 다른 장르(무용, 음악극 등)까지도 확대되며 더욱 활발해지고 있다. 그중 2002년 시즌에 초연되어 현재 공연 중인 네베지나[04]의 「죄와 벌」은 특히 주목할 만하다.

2002년 6월 모스크바예술극장 내 스튜디오 극장, 일명 '새 무대(Новая сцена)'에 올려진 네베지나의 극은 한마디로 '젊은' 연극이다. 이 공연은 석사학위 직후 본격적으로 연극무대에 뛰어든 신예 연출가의 작품이자, 최근 가장 주목받는 연출가 포멘코 제자들이 참여한 '포멘코 사단'[05]의 작품으로, 21세기 초 20대 연극인이 바라본 『죄와 벌』의 재해석이다. 약 3시간에 걸쳐 공연되는 네베지나의 「죄와 벌」은 살인 이후의 이야기를 다루고 있다. '젊은' 연극이란 수식어에 걸맞게 등장인물들(포르피리와 풀헤리아를 제외한) 대부분이 10대 후반~20대 초반의 젊은이들이다. 원작의 주요 슈제트를 형성하는 전당포 노파의 죽음과 마르멜라도프네 가족 이야기 그리고 라스콜리니코프의 극단적 분신 스비드리가일로프와의 갈등구조는 모두 생략된 채, 연출가의 관심은 살인 이후 현실과 마주한 젊은 세대로 향한다. 무대는 노파 살해 이후 라스콜리니코프와 다른 인물들(라주미힌, 포르피리 페트로비치, 두냐와 엄마 그리고 소냐)과의 대화와 독백으로 이루어진다. 범죄 후 정신적, 심리적 고통에 직면한 라스콜리니코프의 '벌'에 관한 이 공연은 '죄'에 초점을 맞춘 1970~1980년대 모케예프(М. Мокеев)의 「죄에 대해서(О преступлении)」나 류비모프의 「죄와 벌」과는 다른 해석을 보여 준다.[06]

네베지나의 상트페테르부르그는 이 도시가 지닌 상징적 의미와는 거리를 둔다. 이 극에서 대도시와 라스콜리니코프의 다락방이 지닌 무겁고 음울한, 몽환적 분위기는 그다지 두드러지지 않는다. 오히려 포르피리 페트로비치와 라주미힌, 페인트공들이 만들어 내는 익살스런 장면으로 인해 무대는 때론 활기차고 밝아 보이기까지 한다. 무대 배경으로 늘어선 검은색 벽들, 그 사이로 다리 모양의 계단이 보이고, 벽 중간엔 깨진 유리를 단 허름한 창문이 달려 있다. 벽을 따라 낙서된 대수학 공식과 나폴레옹의 모자, 군데군데 갈겨 쓴 '살인자', '피' 그리고 '왜?'라는 단어가 눈에 들어온다. 늘어선 벽의 한 끝에는 칸막이용 파티션과 낡은 상자함이 놓여 있고, 다른 한쪽에는 위로 뻗어 있는 작은 사다리가 세워져 있다. 그리고 무대 중앙에 놓인 벤치형 의자와 큐빅 같은 도구는 때론 대화용 의자와 테이블로, 때론 소냐 앞에서 양동이를 뒤집어 쓴 채 자신의 나폴레옹 이론을 피력하는 라스콜리니코프의 표현 수단(피라미드 탑)으로 적절히 변신하며, 장면 변화를 유도한다. 전체적으로 어두운 가운데 다채롭게 변화하는 조명은 단순한 무대 장치에 변화를 불어넣는다. 사각형의 좁고 긴 무대는 라주미힌과의 대화에서 일견 현대식 카페를 연상시키더니, 두냐와 어머니가 찾아온 장면에서는 '피할 곳도 돌아누울 곳도 없는' 가난한 고학생의 다락방, 바흐친식의 '관'을 연상시키기도 한다. 또한 계단과 나리를 통해 이루어지는 인물의 등장과 퇴장은 곧 바로 공간의 변화를 유도해, 무대는 거리에서 하숙집 다락방으로, 다시 거리로, 포르피리의 거실과 소냐의 누추한 방으로 자연스레 탈바꿈한다. 여기서 계단과 다리는 바흐친식 '문턱' 이미지를 상징하는 '위기'의 공간을 떠올리게 만드는데,[07] 위기의 시공간을 체험하고 견디는 도스토예프스키 인물들은 마치 이 작품을 위해 고안된 듯한 '새 무대'에서 다시 태어난다.

네베지나의 라스콜리니코프는 종래의 병색이 짙고 우울하며 어두운 상념에 사로잡힌 이론적 회의주의자가 아니다. 그보다는 꿈꾸는 젊은 몽상가에 더 가까워 보인다. 긴 코와 금발의 웨이브, 여린 미소의 밝은 얼굴로 노래하며 양팔을 치켜든 모습은 천진난만한 소년을 연상시킨다. 동시에 여전히 불안한 눈빛으로 자신에 대해 떠벌리는 그의 행동은 노파 살해 후 경계를 넘지 못한 채 번민하는 어린 이상주의자를 떠올리게 만든다. 여기서 라스콜리니코프는 살인을 저질렀다는 사실 때문이 아니라, 스스로가 다른 사람들과 마찬가지로 갈등하는 인간이자 살인에 대한 권리를 갖지 않았다는 그 생각으로 더 괴로워한다. 이상과 현실의 괴리를 절감하며 타인과의 대화에서 잠꼬대하듯 중얼대거나 신경질적 증세를 보이는 주인공은 진정한 참회로 나가지 못한 채, '소통 부재'라는 현실 속에서 고립되어 간다.

라스콜리니코프를 비롯한 '젊은 형상'들에 초점을 맞춘 이 극에서 원작과의 가장 큰 차이는 분신 구도의 설정에 있다. 살인 이후의 문제를 다루는 무대에 주인공의 분신 스비드리가일로프와 그 아류 격인 루진과 레베

쟈트니코프 모두는 일체 등장하지 않는다. 대신 미콜카가 극 전체에 걸쳐 모습을 드러내는데, 둘의 관계는 1부와 2부 첫 장면을 일치시킴으로써 더욱 명확해진다. 허름한 가죽 외투에 모자를 눌러쓴 라스콜리니코프가 급히 등장해 벽에 낙서를 하곤 황급히 사라지면서 1부의 시작을 열면, 막 정신병원을 뛰쳐나온 듯한 잠옷 차림의 미콜카가 지나가는 행인들 사이에 끼여 있다(원작과 달리 그는 페인트공이 아니다). 이어 주인공과 가족의 만남이 이루어지는 사이, 미콜카는 벽 뒤편 계단 위에서 얼굴을 내미는가 싶더니 잠시 등장해 주인공이 벗어 놓은 누더기 옷과 모자를 주워들고 금새 사라져 버린다.

미콜카가 등장하는 2부의 시작은 1부의 첫 장면을 그대로 떠올리게 만든다. 주인공이 버린 옷과 모자를 그대로 걸친 미콜카, 어둠 속에 불현듯 등장한 그는 벽에 뭔가를 지우는가 싶더니 이번에는 '살인자'란 단어를 써 놓고는 황급히 사라져 버린다. 이어 포르피리의 심문이 절정에 달하고 라스콜리니코프의 자백이 나올려는 찰나, 다시 미콜카가 등장해 갑자기 잡지란 무엇이고, '프롬프터(Prompter)'란 무엇인지 중얼거리며 포르피리 앞에서 자신이 범인임을 외쳐 댄다. 시종일관 아무런 논리적 연관성 없이 우발적 행동을 일삼는 미콜카의 행동은 자기 논리의 모순으로 고통받는 합리주의자 라스콜리니코프의 그것과 잘 비교된다. 무작정 고통받을 준비가 된 한 젊은이와 자기 합리화의 논리적 한계를 넘지 못해 고통받는 다른 이, 이는 도스토예프스키의 분신 구도를 두 젊은이의 형상을 통해 제시한 흥미로운 연출이다.

네베지나의 극에서 라스콜리니코프를 가장 잘 파악하는 인물은 그의 가족도 친구도 아닌 포르피리 페트로비치다. 예리한 분석력을 지닌 그는

그림 3-3 네베지나의 공연 「죄와 벌」 중 한 장면. 포르피리와 라스콜리니코프, 라주미힌이 열띤 토론을 벌이고 있다.

언뜻 보아 예심판사라기보다는 예상 밖의 행동으로 재미난 광경을 연출해 내는 광대에 더 가깝다. 실험복 가운에 방독면을 쓰고 양 손에 비이커와 시험관을 들고 등장한 포르피리는 장난기 어린 말투와 표정으로 불쑥불쑥 피심문자의 심리상태를 화학적 실험에 비유해 가며 예기치 않은 질문을 던진다. "은시계를 왜 맡겼죠?"라는 질문에 "내가 만약 살인을 저질렀다면 난 결코 당신께 말하지 않을 겁니다."라고 대답하는 라스콜리니코프. 첫 만남에서 신경질적 어조로 뜬금없이 내뱉는 주인공의 태도에 포르피리는 그가 범인임을 본능적으로 직감하며 능란한 화법으로 그를 옭아매기 시작한다.

라주미힌까지 등장해 전개된 '죄'에 대한 세 사람의 토론이 한창 무르익을 무렵, 슬그머니 사라졌던 포르피리가 이번에는 아라비아풍의 나이트가운에 나이트캡, 마귀할멈의 뾰족신을 신고서 다시 등장한다. 우스꽝스런 그의 외모에 눈길을 돌리는 것도 잠시, 그의 서재에서 다시 마주한 두 사람은 '범죄 심리'와 라스콜리니코프의 논문 "범인과 초인"에 대한 토론으로 일종의 심리전을 벌인다. 라스콜리니코프는 여전히 불안한 눈빛에 당황한 모습으로 심문에 민감하게 반응하며, 자기 논리를 피력하려 애쓴다. 반면 포르피리는 익살스런 말투로 너스레를 떨며 용의주도하게 상대방의 표정을 살핀다. "신을 믿느냐?"는 거듭된 질문에 한참을 머뭇거리다 나온 주인공의 대답은 "네(Да!)"이다. 자칫 객관적 정황만으로 지루하게 흐를 수 있는 두 인물 간의 '이념적' 설전은 심문자의 희화화된 차림새, 흑빵과 마른안주까지 곁들여진 보드카 시음, 그리고 다혈질의 라주미힌이 곁들이는 훈수 등으로 푸근한 분위기를 자아낸다. 무대 또한 포르피리의 서재가 아닌 술꾼들로 북적대는 어느 선술집을 연상케 한다. 심문과 죄에 관한 열띤 토론이 전개되는 선술집은 '극과 극의 조화'라는 도스토예프스키 특유의 공간이다.

　이 극의 여러 장면들은 포르피리와 라스콜리니코프의 논쟁으로 이어지는데, 포르피리는 변화무쌍한 옷차림의 광대 이미지와 더불어 여러 가면 속에 자신을 숨긴 채 라스콜리니코프의 '죄'를 분석해 가는 명탐정이기도 하다. 때론 피심문자를 강하게 옭아맸다가도 어느새 그의 항변을 대신하고 있는 포르피리의 말은 그 자체로 다양한 목소리를 연출하는 일종의 '은닉된 대화'를 연상시킨다. 고도의 심리전을 방불케 하는 이들 장면에는 극의 팜플렛 문구로 도스토예프스키의 편지(카트코프에게 보낸 편지에서 작가는 자신의 소설을 '한 범죄에 관한 심리주의적 보고서'라 칭한다)를 인용한 연출가의 의도가 잘 드러난다.

　두 사람의 긴장된 심리전과는 대조적으로 라스콜리니코프와 그의 어머니 풀헤리야 알렉산드로바의 대화는 논리나 이론의 여지없는 일상의 삶을 보여 준다. 자신의 아들이 대학자가 될 거라 믿어온 어머니는 아들의 실제 모습에 당황해하면서도 마음속 깊이 묻어 두었던 자식에 대한 열정을 터뜨리고야 만다. 관객과 눈을 마주하고 오열하는 표정과 목소리로 아들과의 이야기를 풀어내는 풀헤리야의 독백은 어떤 상황에서도 아들을 용서하고 받아들일 수밖에 없는 절대적 모성애를 전달해 준다. 자식사랑이라는 큰 범주에서 볼 때 그녀는 세상의 여느 어머니와 닮았다. 아들과의 첫 만남에서 다 큰 아들을 세수시키고 옷을 갈아입히는 어머니, 갑자기 아들의 입에서 '여자' 이야기를 듣자 귀를 쫑긋 세운다. 마침 장례식 소식을 전하러 온 소냐를 보는 그녀의 표정은 장래 며느리감을 진지하게 살피는 우리네 어머니 그 이하도 이상도 아니다.

한편 네베지나의 극에서 소냐는 '성스런 구원의 여성상'이기보다는 소박하고 순수한, 가족의 생계를 책임진 생활력 강한 여성으로 그려진다. 특히 라스콜리니코프의 '죄'와 관련해 그녀는 포르피리와 대척점에 놓이는데, 사실 그녀는 주인공의 심리상태와 논리적 주장, 삶에 대한 분노, 그 어느 것도 제대로 이해하지 못한다. 자신의 가난하고 비참한 삶을 비아냥대며 조소를 퍼붓는 라스콜리니코프에게 그녀는 '신이 그런 것을 허용할 까닭이 없다'는 강한 어조로 반박하며 성서를 펼쳐 든다. 하지만 '나자로의 부활'에 대한 라스콜리니코프의 반응은 여전히 냉담하다: "그건 낙타가 바늘구멍에 들어가는 것보다도 내겐 더 어렵겠군요!" 그는 진정 마음으로 회개하고 자신의 죗값을 치를 준비가 되어 있지 않다. 무릎을 꿇고 성호를 그을 것을 요청하는 그녀에게 아무런 갈등 없이 냉정하게 대답한다: "내 굳이 성호를 긋지 못할 이유는 없습니다. 그러나 이렇게 무릎 꿇고 기계적으로 기도하는 게 무슨 소용이 있을까요?" 풀헤리야와 달리 소냐는 이 상황을 무조건적으로 받아들이지 못한 채 당황한 표정으로 울먹인다. 라스콜리니코프와의 심리전에 무방비 상태인 그녀는 사랑하는 남자의 고백을 듣고서 넓은 감성으로 그를 끌어안는다. 결국 라스콜리니코프의 마음을 움직인 것은 포르피리의 능수능란한 심문도 아니고 가족의 애정 어린 충고도 아닌, 사랑하는 여인의 절대적 신뢰와 자신의 분신 미콜카의 비이성적 행동을 통한 깨달음이다. 이 점에서 네베지나는 도스토예프스키의 의도를 제대로 무대화한다.

네베지나의 '젊은 형상'들은 19세기형 인간이라기보다는 20세기 말을 겪고 새 천년을 살아가는 현대 러시아 젊은이를 더 닮았다. 가치관의 혼란과 부재로 번민하고, 사소한 것에 신경질적 반응으로 응대하는 그들의 고뇌는 다분히 현대적이다: 라스콜리니코프를 두고 벌이는 소냐와 두냐의 다소 서먹한 관계, 친구의 횡설수설에 다혈질의 라주미힌이 보여 주는 우스꽝스러운 면모, 첫눈에 반한 두냐에게 애정공세를 퍼붓는 라주미힌의 열정, 겉으로는 동요하지 않은 척 애쓰나 일상의 변화에 가장 민감하게 반응하는 두냐의 변화무쌍한 표정 등, 한편으로는 스스로를 짓누르는 고통의 무게를 느끼면서도 결코 그것에 매몰되지 않은 채 일상의 사소한 기쁨과 슬픔, 즐거움과 노여움에 충실한 젊은 세대의 모습을 읽을 수 있다. 네베지나는 진정한 사랑, 신과 인간에 대한 무조건적 신뢰, '양립할 수 없는 것의 공존'과 '모순의 통일'이라는 도스토예프스키적 주제를 자신의 독특하고 새로운 무대언어를 통해 21세기 「죄와 벌」을 탄생시킨다.

3-2. 아르치바셰프의 「카라마조프씨네」

도스토예프스키의 마지막 대작인 『카라마조프 형제들』은 『죄와 벌』이나 『백치』 혹은 중기 작품 「아저씨의 꿈」, 『상처받은 사람들』과 비교할 때 비교적 덜 무대화된 작품이다. 작가 창작에서 원작이 차지하는 비중에도 불구하고, 이는 지나치게 방대한 주제, 많은 인물과 사건, 다채로운 문체가 엮어 내는 복잡한 구성에 기인한 바 크다. 그럼에도(혹은 그러기에) 이 소설의 무대화는 남다른 주목을 받아 왔으며, 특히 중요 주제나 모티브, 특정 인물에 초점을 맞춤으로써 부분을 통해 전체를 표현해야 하는 '장편소설의 무대화'란 과제를 잘 실천해 낸다. 20세기 초 이 소설에 대한 해석은 주로 이반에게 초점이 맞추어진 데 반해, 20세기 말 그 관심은 알료샤에게로 옮겨 간다. 그리고 최근 드미트리를 주인공으로 한 흥미로운 공연이 상연되고 있다.[08]

 2003년 7월 초연된 아르치바셰프의 「카라마조프씨네」는 공연 몇 달 전부터 연극계의 화제작이었다. 포크로프카극장(Театр на Покровке)에서 기반을 닦고 연출가로서의 명성을 얻은 아르치바셰프가 마야코프스키극장(Театр им. Вл. Маяковского)의 예술감독을 수락한 사실부터, 다른 작품도 아닌 도스토예프스키의 『카라마조프 형제들』, 그것도 말랴긴(В. Малягин)의 각색을 기획한다는 것은 센세이션을 불러일으키기에 충분했다.[09] 도스토예프스키와 마야코프스키 그리고 말랴긴으로 연결되는 구도에 평론가들은 공연 시작 전부터 다양한 의견들을 쏟아 내며 그 성공 가능성을 언급했다. 초연이 올려진 7월 중순 모스크바 내 여러 신문과 연극잡지에는 「카라마조프씨네」에 관한 다양한 관람평이 즉각적으로 게재되었다. '화제작'에 부응하는 긍정적 평가들("도스토예프스키의 위대함과 그의 정열, 감정의 극한을 성공적으로 전달했다."/ "활기차고 생동감 넘치는 현재적 기운으로 소설이 재해석되고 있다."/ "관객들의 호흡과 긴장을 놓치지 않고 끝까지 유지시킨다." 등)에서부터 지독하리만치 가혹한 혹평들("극장을 우크라이나식 음악으로 치장한 졸렬한 결합"/ "조화와 화음을 상실한 교향곡"/ "배우와 인물 간의 심각한 불일치(특히 이반), 그로 인한 굉장히 부자연스런 연기" 등)에 이르기까지 흥미롭게도 연극평의 스펙트럼은 지난 시기 문예비평사에서 원작에 가해졌던 극단적 평가에 버금갈 정도다.[10]

아르치바셰프의「카라마조프씨네」는 이전 공연들, 소비에트 시기는 물론이거니와 비교적 최근작인 포킨의「카라마조프씨네와 지옥(Карамазовы и ад)」, 류비모프의『카라마조프 형제들: 스코토프리곤넵스크(Братья Карамазовы: Скотопригоньевск)』와도 확실히 구분된다.[11] 이전 공연작들이 그 규모와 차이에도 불구하고 도스토예프스키적 사고, 철학적 주제인 선과 악, 천상과 지상, 인간 존재의 모순적 특징을 장중하고 무거운 비극적 톤으로 풀어낸 것에 반해, 아르치바셰프의 극은 일종의 뮤지컬이나 오페레타 장면을 연상시킨다. 그는 심오한 비극을 밝고 가벼운 색채로

그림 3-4 아르치바셰프의 공연「카라마조프씨네」중 한 장면. 모크로예 파티에서 루셴카가 좌중에 둘러싸여 춤추고 있다.

경쾌한 느낌의 박진감 넘치는 극으로 풀어낸다. 이 극에 대한 다양하고 상반된 비평은 예측불허의 한바탕 축제를 연상시키는 이 같은 특징과 연관된 바가 크나.

'정열의 교향곡'이란 부제를 단 아르치바셰프의 「카라마조프씨네」는 고풍스런 붉은 벽돌건물의 극장입구에서부터 시작된다. 군악대 합주가 뿜어내는 신나는 곡에 맞춰 극장 안으로 들어서면, 객석을 꽉 매운 관객들의 웅성거림과 무대 앞 오케스트라 석에서 들려오는 경쾌한 듯 웅장한 느낌의 행진곡이 연주되는 가운데 막이 오른다. 무대에는 높은 수도원 담벼락을 연상시키는 하얀 회벽을 배경으로 벽 중간에 큰 아치형 문이 세워져 있고, 벽 군데군데 작은 아치형 창문이 여러 개 나 있다. 갑자기 무대 바닥의 뚜껑을 열고 등장하는 악마! 그런데 그 모습은 검은 베일과 망토를 걸친 채 음울한 파괴적 미소를 지어 대는 낯익은 그것과는 거리가 멀다. 이 극에서 단정한 연미복 차림에 익살맞은 언행으로 극의 시작을 알리는 '귀여운' 악마는 흥미진진한 서커스 쇼의 진행자를 연상시킨다. 이후 빠르게 전개되는 장면 전환에서 매번 다른 모습으로 등장해 인물들의 대화를 이끌어 내는 그는 관객들로 하여금 긴장감을 잃지 않고 집중케 만드는 뛰어난 사회자이기도 하다. 주룩주룩 내리는 비와 함께 등장한 세 형제 - 미챠(드미트리), 이반, 알료샤 - 는 정겨운 물장난으로 오프닝 댄스를 추며 크게 외친다: "우리 모두는 카라마조프라네!"

원작 구성을 상당 부분 뒤바꾼 말랴긴의 각색은 미챠가 그루셴카를 찾아 모크로예로 떠나는 광경을 시작으로, 이후는 그의 기억을 통해 다른 주인공을 불러내는 식으로 전개된다. 그 유명한 '반역'과 '대심문관의 전설'을 담은 알료샤와 이반의 논쟁, 인간 본성의 모순을 노래한 알료샤 앞

미챠의 고백, 아버지 표도르 파블로비치와 세 아들의 운명적 관계, 그루센카와 카테리나의 숙명적 만남, 스메르쟈코프와 이반의 대화, 악마와 이반의 대결 등 원작의 주요 장면들은 미챠의 회고를 통해 무대 위에 펼쳐진다. 시간을 거슬러 올라간 기억의 마지막은 소설의 첫 장면, 조시마 장로 암자에서 벌어진 스캔들(표도르 파블로비치와 미챠의 다툼에 이어 미챠 앞에 무릎 꿇는 조시마의 모습에 모두들 놀람)로 마무리된다. 이렇듯 무대 위 장면들은 '부친 살해'와 '오판'의 기본 슈제트를 둘러싼 인물들의 갈등과 그 비극적 운명에 관한 고백과 설교, 논쟁들로 이어진다. 원작에서 지루하지만치 장황한 설교와 철학적 독백, 무거운 형이상학적 담론으로 전개된 이 장면들은 시종일관 변화무쌍하게 펼쳐지는 무대 배경과 다양한 극적 효과, 익살맞은 악마의 진행에 힘입어 대조와 대립에 근거한 '대위법' 원칙, '극과 극의 조화'라는 도스토예프스키적 주제를 잘 담아낸다.

아르치바셰프 극에서 인물들의 고백과 설교, '영원한' 문제를 다룬 철학적 독백과 논쟁은 다분히 아포리즘적 성격을 띤다. 여기에 수도원의 높은 회벽을 배경으로 대지의 자연력을 연상시키는 듯한 비와 눈, 불꽃, 연기, 장면 변환을 위한 무대 앞 중앙의 또 다른 원형 무대와 바닥으로 통하는 작은 홀들, 분위기를 한층 고조시키는 조명과 화려하고 다채로운 색상의 의상, 대사와 행위의 막간을 파고드는 음악, 특히 집시 코러스의 민요와 춤으로 인해 무대는 놀이터에서 감옥으로, 거실에서 선술집으로, 법정에서 수도원으로 자연스레 탈바꿈해 댄다. 3시간 20분이라는 장시간 공연에도 불구하고 관객들은 지루함을 전혀 못 느낀 채 극에 열중한다. 이러한 몰입은 원작의 주요 인물에 대한 아르치바셰프의 독특한 해석과 맞물리면서 극의 긴장감을 한껏 살려 낸다.

'우연한' 가정의 아버지, "온갖 추악함의 표현"이자 정욕과 악의 화신에 비유되는 표도르 파블로비치는 그다지 정욕의 화신도 사악한 성격의 파괴자도 아닌, 다소 어수룩하면서도 유쾌한 광대 인상을 풍긴다. 표도르 죽음의 결정적 이유인 그루셴카와의 관계는 이 극에서 삼천 루블의 행방과 관련해 몇 차례 언급될 뿐 그다지 강조되지 않는다. 미챠와의 갈등 역시 그루셴카에 있다기보다는 무책임한 아버지, 인격 부재의 아버지가 겪을 수밖에 없는 당연한 결과로 그려지며, 이 갈등은 비단 미챠뿐 아니라 다른 아들과의 관계에서도 마찬가지로 설정된다. 그리고 표도르는 후안무치의 탐욕스런 인간이 아니라 마음으로 자신의 과오를 어렴풋이 인정하면서 광대 짓으로 애써 무마시키려는 안쓰러움을 자아낸다. 스메르쟈코프까지 포함한 네 아들의 이미지를 모두 가진 표도르 카라마조프, 그는 욕망과 증오, 바보스런 순수함의 상징인 카라마조프 가문의 '불행한' 아버지이다.

이 극에서 원작 속 삼 형제에 관한 고정 관념 – 미챠(정열)와 이반(이성) 그리고 알료샤(믿음) – 과 미래 주인공으로서 알료샤에 대한 기대는 여지없이 깨져 버린다. 아르치바셰프가 보여 주는 인물들은 사상가나 철학자가 아닌 일상의 희노애락에 민감하게 반응하고 부딪히는 감성의 소유자들이다. 그러기에 원작의 인물에 익숙해져 있는 관객들에게 무대 위 삼 형제의 모습은 호기심과 어리둥절함을 불러일으킨다.

'친부살해'와 '오판'을 중심으로 전개되는 플롯의 가장 능동적인 인물이자 '뜨거운 심장'을 가진 드미트리 카라마조프! '정열의 교향곡'이란 부제를 단 이 극에서 그는 단연 주인공이다. 소돔의 욕망과 마돈나의 이상 사이에서 고뇌하며, 알료샤 앞에서 '미의 신비'에 관해 토로하는 그의 고백은 인간 존재의 광대함과 모순을 잘 드러낸 원작의 백미 중 하나다. 아르치바셰프는 미챠의 고백을 그대로 살리는 동시에 보다 많은 사람을 껴안을 수 있는 더 깊은 감성을 부여한다. 무대 위 그의 고백은 한편으로는 그루셴카를 향한 강한 열정을 내비치면서도, 다른 한편 차분하고 부드러운 톤으로 삶의 의미를 되짚는 지식인의 성찰을 연상시킨다. 작은 키와 희끗한 머리칼, 아버지와 그다지 나이 차가 있어 보이지 않는 미챠의 모습은 그루셴카를 놓고 아버지와 전면전을 펼치는 혈기에 찬 청년의 그것이 아니다. 그보다는 세속적 삶에의 번민과 고뇌에서 존재론적 질문을 던지는 소박한 시골 귀족을 떠올리게 한다.

원작 인물과의 불일치는 이반의 경우 더욱 크다. 초연이 열린 7월 중순, 그날로 55세를 맞은 코스톨레프스키(이반 역)의 출현부터가 관객을 당황스럽게 만든다. 지금껏 그는 낭만적 연인과 희극적 주인공 역할로 유명한 배우이다. 그가 연기하는 이반은 인간 존재의 '영원한' 문제, 형이상학적 문제로 고뇌하는 냉소적인 젊은 회의주의자라기보다는, 내면에 들끓는 삶에 대한 열정을 숨긴 유약한 지식인에 더 가까워 보인다. 그럼에도 코스톨레프스키는 도스토예프스키가 던진 묵직한 철학적 주제를 그럴듯하게 소화해 낸다. 대부분 자신의 독백으로 채워진 알료샤와의 대화에서 이반은 불합리한 세상과 아이들의 고통, '대심문관' 이야기를 다루며 객석을 향해 끊임없이 질문을 내던진다. 내면의 갈등을 들추어내며 유혹의 손길을 뻗쳐 대는 악마에 맞서 스스로에게 부여된 지상의 과제를 강변한다. 미챠의 표현처럼 이반은 '수수께끼'다. 어쩜 이 무시무시한 러시아적 수수께끼를 원로배우 코스톨레프스키가 연기한다는 것이 더 수수께끼일지 모른다. 연극평론가 자슬랴프스키(Заславский, 2003a)의 표현처럼 이는 러시아인이라면 누구든지 '신에 관해' 얘기할 수 있기에, 또한 "모든 러시아인은 철학자이기에" 가능할지도 모르겠다.

두 형들과 달리 셋째 알료샤는 젊은 청년의 모습이다. 하지만 이 극에서 어린 박애주의자 알료샤의 역할은 원작과 달리 상당히 미약하다. 물론 도스토예프스키 역시 알료샤를 원작 플롯에서 다소 수동적 역할로 국한시켰으나, 그럼에도 사람과 사람을 이어주고, 그들의 고백과 부탁을 들어주며, 이타적 사랑을 실천하는 미래의 주인공으로 내세웠다. 그러나 무대 위 알료샤는 별다른 변화를 유도하지 못하는, 단지 이반과 마주 앉아 그의 외침을 들으며 흥분하는 소극적 관찰자에 불과하다. 이는 말랴긴의 각색에서 조시마 장로와 알료샤를 축으로 하는 종교적 테마가 약화된 데 따른 결과라 할 수 있다. 단 리자와의 만남에서만큼은 알료샤 역시 매우 적극적이다. 그녀를 향한 알료샤의 열정과 사랑의 고백, 휠체어에서 일어서는 리자와의 포옹은 이 극이 '정열의 교향곡'임을 다시 한 번 일깨워 준다.

아르치바셰프가 보여 주는 삼 형제는 일정한 사상의 담지자라기보다는 동시대 삶에 보다 더 애착을 지닌 깊은 감성의 소유자들이다. 여기서 우리는 심각한 정체성 위기와 인간성 상실, 도덕성 약화로 특징 지워지는 현대 러시아에서, 진정 필요한 것은 어떤 이론이나 논리가 아닌 신과 인간에 대한 절대적 믿음임을 강조하는 연출가의 의도를 읽을 수 있다.

'정열의 교향곡'을 연출하는 과정에서 아르치바셰프는 '인간 본성의 모순과 광대함'이라는 도스토예프스키적 주제를 결코 놓치지 않는다. 삼형제는 물론 아버지 표도르의 양심에 '가장 무서운 오점'을 남긴 사생아 스메르자코프 또한 결코 예외가 아니다. 뒤틀린 심성과 무서운 복수심, 논리적 궤변의 복합체인 그를 연기하는 배우 우도비크의 모습은 마치 소설 속 인물이 그대로 튀어나온 듯 착각을 불러일으킨다. 극의 전반에서 기타를 튕기며 미친 여인 스메르쟈쉬차야와 노래하는 그는 능청스러움과 유들유들함을 딱 떨어지게 표현한다. 그리고 극 후반에서는 자신이 살인을 저질렀으나 그것을 교사한 이반이 진짜 살인자임을 처절한 몸짓으로 외쳐 댄다. '누가 아버지를 죽였는가?'를 놓고 두 사람이 벌이는 진실게임은 미챠의 고백과 나란히 아르치바셰프의 극에서 돋보이는 심리주의 연출의 대표적 장면이다.

등장인물의 모순된 성격을 드러내는 심리주의 기법과 관련해 두 여주인공, 그루셴카와 카테리나 이바노브나의 대립 또한 주목을 끈다. 거의 모든 면에서 대조를 이루는 두 여인의 성격은 우선 행동과 표정을 통해 잘 드러난다. 스스로를 '죄 많은' 지상의 존재라 규정하며 잦은 변덕과 광분을 일삼는 그루셴카, 동시에 그녀는 알료샤에게 '한 뿌리의 양파'를 건네는 미덕을 보이기도 하고, 조시마 장로의 죽음에 누구보다 먼저 성호를 긋는 믿음의 소유자이다. 반면 자존심과 오만으로 똘똘 뭉친 카테리나 이바노브나는 미챠에 대한 이성적 사랑과 이반에게 향하는 마음의 사랑 사이에서 자기모순에 빠진다. 미챠를 두고 연적 관계인 두 여인은 카테리나의 거실에서 마주하는데, 팽팽히 흐르는 긴장 끝에 그루셴카는 카테리나의 키스에 대한 답례를 비웃으며 거부한다. 거의 절규에 가까운 비명과 폭언을 내뱉는 카테리나를 향해 그루셴카는 깔깔대며 그 자리를 떠나고 만다. 그러나 자신이 진정 사랑하는 남자를 위해 두 여인이 보여 준 행동은 서로 유사하다. 미챠를 통해 새로운 사랑에 눈 뜬 그루셴카는 그와 고통을 나눔으로써 사랑을 실천하고, 자기모순에서 헤어나지 못하던 카테리나 역시 이반을 구하기 위해 법정에 나선다. 아르치바셰프는 두 여인의 차이점을 보여주면서도 연인을 위해 자기애를 넘어서는 고차원적 사랑을 부각시킨다.

이 극에는 도스토예프스키 사상의 핵심 주제인 알료샤와 아이들의 테마, 스네기료프 가정의 이야기가 모두 빠져 있다. 대신 아르치바셰프는 정열의 트라이앵글(미챠-그루셴카-표도르/ 미챠-카테리나-이반/ 이반-리자-알료샤)을 축으로 '우리 모두가 죄인'이자 '서로에게 책임지는 존재'임을 인식하고, 이타적 사랑을 통해 인간 본성의 모순과 이중성을 극복해 가는 비전을 제시한다. 마지막 장면에서 등장인물 모두는 하얀 옷으로 갈아입고 무대 중앙에 모인다. 순간 무대는 그들이 고해성사를 보는 수도원에서, 불현듯 떨어지는 눈발과 함께 새로운 시작을 준비하는 시베리아 어느 벌판으로 확장된다. 일견 탐정이야기와 멜로드라마적 요소를 오페레타 형식으로 뒤섞어 놓은 듯한 아르치바셰프의 극은 시대를 관통하는 도스토예프스키적 주제를 동시대 관객을 긴장시키는 특유의 무대언어로 잘 담아낸다.

* * *

굳이 브룩(P. Brook)의 표현을 사용하지 않더라도 '관습적 재현의 거부'라는 현대 연극의 원칙은 20세기 연출가 연극의 시작과 함께 고전의 무대화 작업에서 가장 중요한 요소로 작용해 왔다. 네미로비치-단첸코의 지적처럼 러시아에서 연극적 관습의 틀은 체홉으로 인해 어긋나기 시작해 도스토예프스키에 와서 완전히 무너지는 결과를 낳았으며, 이후 도스토예프스키의 열린 소설은 고전의 무대화란 과제를 실천하는데 대단히 긴요한 텍스트로서 많은 문제의식을 제공해 왔다. 위에서 살펴본 두 공연은 오늘날 '과연 도스토예프스키가 필요한가?' 라는 문제 제기부터 '왜 필요한가, 나아가 관객들과 어떻게 만나는가?' 라는 질문에 새로운 무대 언어로 답하고 있다.

살인 이후 현실에 직면한 젊은 세대 이야기로 풀어낸 네베지나의 「죄와 벌」은 도스토예프스키적 주제를 바탕에 깔면서도 그다지 무겁지 않다. 라스콜리니코프를 비롯한 젊은 형상들은 19세기형 인간이라기보다는 현대 러시아의 젊은이를 더 닮아 있다. 가치관의 혼란과 정체성 상실로 번민하며, 사소한 것에 예민하게 반응하는 그들의 고뇌는 다분히 현대적이다. 여기에 무대 장치, 인물들의 익살스런 표정과 코믹 연기는 이전과는 다른 해석으로 활기찬 희극적 분위기를 느끼게도 한다. 특히 미콜카와 라스콜리니코프의 분신 구도는 정체성 위기를 겪는 젊은 세대의 이중성을 잘 투영한 것으로, 원작의 뼈대를 살리면서도 현대성의 리듬을 잘 조화시킨 흥미로운 해석이랄 수 있겠다. 이 점에서 아르치바셰프의 「카라마조프씨네」 역시 상반된 평가에도 불구하고 진지한 철학적 담론과 현대성의 리듬을 잘 살린 수작이다. 이 극은 '선과 악', '천상과 지상'의 대립이라는 도스토예프스키적 사고를 일종의 뮤지컬이나 오페레타를 연상시키는 박진감 넘치는 무대로 풀어낸다. 연출 특유의 활기와 경쾌함이 관객과의 호흡과 긴장을 놓치지 않은 채 끝까지 유지된다. '정열의 교향곡'이란 부제가 말해 주듯이 이반과 알료샤가 아닌 미챠를 극 중심에 둔 것은 21세기 초에 가장 잘 어울리는 원작의 재해석이랄 수 있겠다.

고전의 무대화는 세대를 관통하는 원작의 보편적 가치를 놓지 않으면서, 동시에 새로운 무대언어를 통해 동시대 관객에게 진지하고 친근하게 다가서는 창조적 작업이다. 더욱이 혼란스런 위기의 삶에서 이는 스스로의 정체성을 찾고, 현실과의 새로운 관계, 나아가 미래에의 전망을 모색하는 역동적 과정이랄 수 있다. 그러기에 가치관의 혼돈과 인간성 상실, 도덕성 몰락으로 표류하는 현대 러시아에서 19세기 러시아고전은 그 어느 때보다도 더 절실해 보인다. 도스토예프스키의 경우를 통해 살펴본 고전의 무대화 작업은 문학의 위기가 회자되는 우리 시대, 고전의 가치와 그 쓰임새, 미래를 향한 실천적 가능성과 관련해 의미심장한 미소를 짓게 만든다.

주석

01 2000년 이후 도스토예프스키 작품의 무대화는 작가의 대표적 장편소설뿐 아니라 「백야」, 「아저씨의 꿈」, 「지하생활자의 수기」, 「보보크」, 「우스운 사람의 꿈」 등을 비롯한 중단편에 이르기까지 거의 대부분의 작품에 걸쳐 이루어지고 있다.

02 물론 도스토예프스키 작품의 공연은 1873년 모스크바 말리극장에서 「아저씨의 꿈」을 각색한 「도깨비 불」을 시작으로 있어 왔으나, 작가 자신이 강조한 '무대화'의 실천이란 측면에서 네미로비치-단첸코의 연극은 특별한 의미를 갖는다.

03 1990년대 『죄와 벌』의 무대화 관련해서는 다음을 참조: 이진아, 2000; 195-230

04 1998년 기티스(ГИТИС) 연출학과를 졸업하고 '포멘코 워크샵'을 마친 네베지나는 최근 가장 주목받는 신세대 여성연출가 가운데 한 명이다. 그녀는 대학시절부터 연출 작업을 시작해 이미 「쟈크와 그의 주인」(1998), 「하인들과 눈」(2000), 「콘트라베이스」(2000)를 비롯한 여러 작품을 선보이는 등 활발히 활동 중이다. 특히 「콘트라베이스」가 2000년 황금마스크상을 수상하면서 일약 차세대 연출가로 부상했다.

05 현존하는 러시아의 대표적 연출가 포멘코는 특히 교육자로서 그 명성이 드높다. 1993년 출범된 '포멘코 워크샵'은 포멘코를 지도교수로 하는 기티스(러시아국립연극대학) 연출학과 강사와 졸업생으로 구성된 극단으로, 창단 멤버로 활동했던 인물들은 현재 러시아 연극계의 촉망받는 인물이 되어 있다. 1998년 그해 졸업생을 영입해 젊은 피를 수혈한 포멘코 워크샵은 2000년 1월 7여 년의 방랑생

활을 접고 영화관을 개조한 극장을 개관하며 새로운 전기를 마련했다. 포멘코의 연극정신과 미학을 바탕으로 무장된 일명 '포멘코 사단'의 극장(Мастерская П.Н. Фоменко)은 흥미로운 레퍼토리를 소유한 모스크바의 가장 젊고 탄탄한 극장 가운데 하나다(이주영, 2001, 98-101).

06 모케예프의 경우 살인을 준비하는 심리적 과정과 더불어 살인의 장면을 그림처럼 상세히 다루었으며, 류비모프는 객석으로 들어가는 통로에 피로 범벅이 된 끔찍한 시체를 던져 놓음으로써 시작에 앞서 '죄'의 문제를 상기시킨다.

07 바흐친은 『도스토예프스키 시학의 문제들』에서 작가창작의 구성과 관련해 카니발적 특징을 지적하는데, 특히 『죄와 벌』의 라스콜리니코프와 그의 주변인물들이 활동하는 공간을 일상의 공간이 아닌 카니발적 상징성을 띤 '위기'의 공간으로 파악한다: "계단 꼭대기, 계단 아래, 문턱, 현관, 층계참은 점들이라는 의미를 부여받게 되는데 거기에는 위기, 급격한 교체, 운명의 예치치 않은 급변이 벌어지고, 여러 결정이 내려지고 금단의 경계선이 무너지고 갱생이 이루어지거나 소멸당하기도 한다. 〈…〉 도스토예프스키는 집이나 방의 문턱에서 멀리 떨어진 안쪽 공간은 거의 사용하지 않는다. 〈…〉 문턱으로부터 멀리 떨어진 안락한 안쪽 공간에서 사람들은 전지적 시간 속의 전기적 삶을 살고 있다. 〈…〉 도스토예프스키는 이러한 전기적 시간을 뛰어넘는다. 문턱과 광장에서는 위기의 시간만이 존재한다"(Бахтин, 1979a, 194-199).

08 러시아 문예비평사에서 『카라마조프 형제들』에 대한 평가는 시대 상황과 밀접한 연관을 갖는다. 19세기 말~20세기 초 비평가들의 관심은 세기말의 혼란과 혁명적 기운의 도래하에 이반에게 쏠린 반면, 소비에트 해체 이후 20세기 말에는 정교문화에 대한 관심의 부활과 더불어 알료샤에게로 향한다(조유선, 2002: 111-113).

09 모스크바의 마야코프스키극장은 명실 공히 소비에트 연극을 대표하는 극장 가운데 하나이다. 혁명 문화의 상징인 마야코프스키의 이름을 취한 것부터 해서 레퍼토리 역시 혁명과 민중을 주제로 하는 현대극이 주를 이룬다. 러시아 고전극으로는 오스트로프스키의 작품들이 주로 상연되었으며, 도스토예프스키의 경우 해빙 이후 1960~1980년대를 통틀어 단 두 작품의 무대화가 이루어졌을 뿐이다.

10 http://smotr.ru/2003/2003_mayak_karamazovy.htm 참조(2006.01.20. 검색).

11 1996년 소브레멘닉극장(Театр СОВРЕМЕННИК)에서 초연된 포킨 연극에는 이반의 자작극 '대심문관'이 중심에 놓여 있다. 이 극에서 합리적 이성주의자이자 무신론자인 이반이 동시대인에 가장 가깝다는 해석과 환자 옷을 입은 이반의 분열을 통해 위험한 사상을 경계하는 연출 의도를 짐작할 수 있다. 1997년 9월에 초연된 류비모프의 작품은 그다음 해 모스크바 체홉국제페스티벌 수상을 비롯해 여러 국제페스티벌에서 수상하며, 지금껏 타간카극장의 주요 레퍼토리로 자리매김한다. 「죄와 벌」과 함께 이 작품은 도스토예프스키에 대한 류비모프적 해석을 보여 주는 대표작이다.

제4장

공연문화의 변화상 – 연극을 중심으로

1. 러시아 연극과 문화정체성

　소비에트 사회에서 문화상품은 이념적으로나 제도적으로 단일체계 하에 공급과 수요가 결정되었으며, 문화상품에 대한 대중의 반응도 단선적 성격이 짙은 것이었다. 스탈린 사후 공식 문화에 맞선 비공식 문화의 등장으로 일견 문화 생산자와 소비자 간의 통로가 다양해지는 측면을 보이나, 그 또한 검열과 이데올로기의 장애를 극복한다는 목표 아래 단순한 내적 구조를 크게 벗어나지는 못했다. 고르바초프의 개혁·개방은 소비에트 시기를 관통해 온 단순하고 일방적인 문화상품의 유통구조를 깨뜨리며 문화예술 부문의 심대한 변동을 수반했다. 이에 포스트소비에트 문화계 전반에 걸쳐 급격히 진행된 지각변동과 나란히 공연문화 또한 본질적인 변화를 경험하기 시작한다. 그 변화의 양상은 오랜 시기 주도적 위치를 점해 왔던 사회주의 리얼리즘 양식에 대한 반발, 총체성의 파괴 및 해체, 예술적 삶의 '탈중심화'를 특징으로 한다. '총체적 난국'이라 불리는 이 시기(1980년대 후반~1990년대) 공연예술의 중심에 위치한 연극의 경우도 마찬가지로, 연극인들은 다양한 목소리들이 공존하고 충돌하는 가운데 새로운 형태의 혼란을 경험하는 '위기'의 시간을 보내야만 했다.

그런데 연극계의 위기 상황은 다른 분야에 비해 비교적 빠른 속도로 극복되고 있으며, 특히 21세기에 접어들어 안정을 찾고 있다. 우선 극장 운영과 레퍼토리 선정에 대한 국가의 간섭이 최소화되는 한편 국가보조금 및 다양한 유형의 기금이 재편되고 있다. 기업과 개인 차원의 여러 예술 후원단체가 조성되고 있으며, 표현의 자유가 보장된 상황에서 현재 모스크바에만 40여 개의 국립극장과 150여 개가 넘는 스튜디오 극장을 중심으로 다양한 장르의 작품들이 상연되고 있다. 또한 크고 작은 국내외 연극 페스티벌을 비롯해 기존 레퍼토리극장과 다른 유형의 새로운 극장들이 들어서면서 더욱 다양해진 관객을 극장으로 끌어들이고 있으며, 주요 레퍼토리에는 '고전의 무대화'란 경향이 두드러진다.

다른 한편 연극계의 외적 팽창과 활기는 점점 고착화되어 가는 시장논리에 따라 문화정체성이란 큰 범주에서 새로운 문제, 즉 예술성과 상업성 간의 줄타기, 해외자본의 유입에 따른 창작주체의 정체성 혼란, 극장의 양극화와 관객 소외 현상을 낳고 있다. 더 심각한 것은 20세기 초 러시아 연극의 르네상스를 거쳐 소비에트 시기까지 급격한 정치적, 사회적 변화에도 불구하고 지켜져 온 극장의 사회적 역할 및 연극인들의 위상, 그리고 개방 직후 서구 연극계를 놀라게 한 여전히 유효한 '연극-학교(театр-школа)', '연극-교회(театр-церковь)'[01]의 전통이 전면적인 도전을 받기에 이르렀다는 사실이다.

"러시아에서 시인은 시인 그 이상이다"라는 잘 알려진 예프투셴코(E.

Евтущенко)의 표현은 러시아 역사에서 예술문화의 독특한 지위를 암시한다. 전제주의에서 전체주의로 이어지는 비극의 역사에서 러시아 예술가들은 단지 예술의 영역 내에 머무는 것을 넘어 당대 사회·정치 구조에 대한 비판자로서의 역할을 담당해야 했으며, 이러한 활동은 그들로 하여금 동시대 거대담론의 중심에 서게 만들었다. 문학과 더불어 민족어의 계승과 발현을 그 중심에 두는 연극은 러시아인의 사고와 삶의 양식을 지배하는 가장 중요한 예술장르 가운데 하나로, 혁명 이전부터 극장은 러시아 인텔리겐치아의 중요한 정치, 사회, 문화적 회합의 장소이자 대중교육의 장이었다. 이 같은 극장의 사회적 기능을 간파한 스탈린은 대중선동과 교화의 수단으로 특히 드라마와 연극의 중요성을 강조하며 현실화시켰다. 예술이 정치에 종속되어 나타난 여러 부작용에도 불구하고 이 시기 극장의 외적 팽창과 더불어 '예술의 대중화'를 위한 기반을 마련할 수 있었다. 해빙 이후 연극은 강한 비판적 성격을 띠게 되면서 공식문화에 대한 저항과 대안적 성격, 나아가 전복적 힘을 내재하고 있는 비공식 문화의 전위대의 역할을 담당해 왔으며, 극장은 단순히 공연을 관람하는 장소적 성격을 넘어서 대중을 교육하는 동시에 대중의 목소리를 대변하는 숨은 언론의 장이었다. 연극에서 포스트소비에트의 도래는 극장을 통해 비판적 여론을 모으고 연극을 통해 사회에 영향력 있는 목소리를 내어 온 러시아 연극의 역할과 힘에 대한 반문을 수반한다.

여러 예술 장르 가운데 러시아 연극은 오늘날 문화정체성에 대한 모색과 관련해 가장 러시아적이면서도 가장 아방가르드적인 장르라 할 수 있다. 즉 문화 패러다임의 급격한 변화 속에서 고전적 전통을 지키면서도 고도의 테크놀로지를 수반하는 현대적 매체와 밀접하게 교류하며,

생명력을 상실하지 않은 채 '변하면서도 변하지 않는' 문화정체성에 대한 질문과 대답을 가장 능동적으로 제공하는 대표적 영역이랄 수 있다. 이 글에서는 포스트소비에트 시기 연극을 중심으로 한 러시아 공연문화의 현장을 문화를 생산하고 향유하는 방식(문화적 습성)의 변화라는 관점에서 살펴본다. 푸틴 정부가 들어선 후 상당히 변모된 공연예술계의 상황 등을 고려해 포스트소비에트 전체를 총괄하되, 특히 최근 5년간(2000~2005)에 주목해 크게 세 영역, 1) 제작 환경 및 운영체계의 변화, 2) 레퍼토리 및 작품경향의 변화, 3) 관객층의 변화로 나누어 다룰 것이다. 이는 공연문화를 둘러싼 제도적, 이념적, 대중의식적 측면에 따라 구분한 것으로, 새로운 시기의 변화상과 더불어 현대 러시아 문화정체성의 형성에서 연극의 위상과 역할을 총체적으로 조명해 줄 것이다.

2. 극장의 페레스트로이카와 재구성

1986년 3월 1일 소련공산당 중앙위원회에서 채택한 극장운영과 창작지침에 대한 새로운 결의안은 공연예술의 페레스트로이카를 선언하는 시발점이었다. 이에 극단장 및 상임연출가, 예술감독 등 극장의 주요 운영진을 당 문화부에서 직접 임명하던 방식에서 선거로 선출하게 되었으며, 극장 자체에서 입장료의 상한가를 결정토록 하는 방식이 채택되었다. 나아가 그해 10월에는 소비에트 시기 무대예술의 전방위적 발전을 도모하기 위해 결성된 '전러시아극장협회(ВТО)'를 '연극인연합(СТД)'으로 명칭을 바꾸었으며, 그런 뒤 후자를 중심으로 한 극장운영 방안에 대한 진지한 논의와 모색이 전개되었다. 연극인연합의 시작은 그동안 모스크바 시위원회가 움켜쥐고 있던 극장에 대한 통제권이 각 극장의 예술위원회로 이양되었음을 의미한다. 바야흐로 당의 통제로부터 벗어나 민주적 절차에 따라 지도부를 자유로이 선출하고 연극인들의 자율권을 보장하는 여러 결의안들이 마련될 수 있었다. 이 같은 개혁과 변화는 1987년 1월 극장에 대한 이전의 영향력을 되찾고자 마련된 문화부 주관 개혁 프로그램 "2개년 실험"이 가동되면서 본격화되었다. 소연방의 극장들은 레퍼토리 계획안과 상연, 지도부 및 배우들의 임명에 대한 전적인 자유를 부여받게 되었다. 이제 각 극장들은 문화부 주관의 실험 단계를 넘어 강력한 변화의 소용돌이에 휩싸인 채 제작자와 관객 그리고 배우들이 공존할 수 있는 가능성을 탐색하기 시작했다.

   극장에 주어진 전면적인 자유와 더불어 포스트소비에트 공연계에 나타난 주목할 만한 변화로 새로운 극장의 탄생을 들 수 있다. 이전까지 러시아의 극장들은 거의 대부분 국가 소유였다. 소비에트 초기 제정시대에 세워진 황실과 귀족 소유의 극장들, 개인 스튜디오들은 사라지거나 국유화된 동시에 국가 주도 아래 각 공화국의 수도와 주요 도시에는 아카데미극장과 민중극장(народный театр)을 비롯한 다양한 형태의 극장들이 들어서게 되었다. 물론 해빙기를 지나면서 비공식 문화에 토대를 둔 저항적 성향의 스튜디오 극장들[02]이 생겨나기는 했으나 그 수는 극히 제한적이었다. 또한 실제 공연을 올리거나 당국의 최소한의 지원을 받기 위해서는 검열로부터 결코 자유로울 수 없었다. 그런 의미에서 포스트소비에트가 가져다 준 자유는 순수한 사설극장(коммерческий театр)의 탄생(혹은 한동안 잊혀온 사설극장 전통의 부활)을 의미하는 것이기도 하다.[03] 1990년 이후 모스크바와 상트페테르부르그에만 약 300개의 새로운 극장이 문을 열었는데, 그중 대부분은 스튜디오 성격의 극장으로 일부는 재정적, 행정적 이유로 곧바로 문을 닫는가 하면 성공적인 공연을 통해 세계적 유명세를 타는 극단들도 등장했다. 2003년 통계에 따르면 러시아 전역에는 570여개의 전문극장(스튜디오 제외)이 있으며, 모스크바의

그림 4-1, 4-2 20세기 초 모스크바예술극장(МХАТ) 외관과 심벌마크

경우 스튜디오까지를 포함시킨다면 그 수는 200여 개에 달한다(Россия в цифрах 2004: 2004: 134).

한편 새로운 극장들의 생성과는 달리, 개혁의 여파는 한 극장 내 서로 견해를 달리하는 내부 구성원들 간의 분열을 낳기도 했다. 러시아 연극을 대표하는 모스크바예술극장(МХАТ, 이하 므하트)의 경우 개방을 전후해 들끓던 내부 갈등이 증폭되면서 1987년 결국 두 개의 극장으로 갈라지게 되었다. 즉 연출가 예프레모프(О. Ефремов)가 이끄는 체홉므하트(МХАТ имени Чехова)와 배우 도로니나(Т. Доронина)가 주도한 고리키므하트(МХАТ имени Горького)로 나뉘며 각각 체홉과 고리키의 이름을 내세워 극장의 방향성을 밝혔는데, 그 파장은 현재까지 이어지고 있

다. 유사한 상황은 다른 극장들에서도 발생했다. 그중 타간카극장(Театр имени Таганки)의 분열은 특히 세간의 관심을 끌었다. 소비에트 연극계 비공식 문화와 정치적 저항연극의 대부였던 류비모프(Ю. Любимов)는 1988년 망명에서 돌아와 타간카로 복귀했는데, 그의 등장은 러시아 관객 대중의 열렬한 지지를 받은 반면 극장 내부의 새로운 갈등(레퍼토리 선정에서 배우연습에 이르기까지)을 불러일으켰다. 므하트와 마찬가지로 한때 류비모프의 배우이기도 했던 구벤코(Н. Губенко)가 동료들을 데리고 또 하나의 타간카를 세움으로써 갈등은 일단락되었다. 또한 1925년 므하트식 교육을 표방하며 스튜디오 극장에서 출발한 모스크바의 유서깊은 예르몰라예프극장(Театр имени Ермолаева) 역시 내부 진통을 겪으며 분열되는데, 기존의 예술감독 안드레예프(В. Андреев)가 이끄는 예르몰라예프극장과 극장예술위원회가 주도하는 예르몰라예프국제연극센터로 나누어졌다. 이러한 상황은 오랫동안 유지되어 온 예술감독 중심의 극장운영에서 나타난 문제점과 레퍼토리 구성에서 검열제도의 폐지로 인해 나타난 내부 갈등 등 전체주의 시스템이 붕괴되는 과정에서 나타난 민주화의 부작용이랄 수 있다(Beumers, 1998: 96~98).

한편 시대적 요구에 직면한 기존 극장들과 희망에 부풀어 문을 연 새 극장들은 예술적 자유를 구가하는 대신에 경제적 독립이라는 새로운 난제에 부딪히게 되었다. 검열과 이데올로기의 고통이 아닌 예술성과 상업주의라는 갈림길에서 이전과는 다른 문제에 봉착하게 된 것이다. 렌콤과 소브레멘닉, 타간카 등 지방자치단체에 소속되어 부분적으로 지원을 받거나 특히 새로 문을 연 스튜디오극장들은 해당 구청에서 지급하는 최소한의 보조금으로 독자적인 극장운영을 해야 하는 힘든 상황에 직면하게 되었다. 이러한 상황은 볼쇼이극장이나 말리극장을 비롯한 국립 아카데미 극장들의 경우도 정도의 차이는 있으나 마찬가지였다. 거의 대부분 국가예산으로 운영되고 있음에도 이들 극장 역시 인플레이션과 환율 변동에 따른 입장료 책정의 문제와 암표상들의 횡포, 그리고 예술감독 1인 독주체제를 벗어나 예술감독과 경영감독이 분리된 이원 구조로의 변화 속에서 개혁의 후유증을 겪을 수밖에 없었다. 새로운 경쟁체제에 직면한 극장 운영진은 행정 당국의 정치적 이해에 맞물려 더 이상 '군림'하는 존재가 아니라 예술경영이라는 서구적 개념을 익히며 성공적인 극장 운영에 몰두하는 비즈니스맨으로 변신해야만 했다.

그러나 어떤 의미에서 연극 및 공연 분야는 다른 대중문화 장르에 비해 비교적 혜택 받은 영역이랄 수 있다. 극도로 혼란스러웠던 1990년대 초와 1998년 외환위기 직후에도 극장에 대한 국가지원금 및 보조금은 유지되었으며(물론 루블화의 지나친 하락으로 극장 운영은 상당히 어려웠다), 신설 스튜디오극장에 대해서도 최소한의 보조금은 제공되고 있었다.(이는 극장이 우후죽순처럼 생겨난 이유이기도 하다.) 더욱이 1990년대 중반에 이르러 충분한 보조금을 지급하기 어렵게 되자 국가와 행정당국이 직접 나서서 극장의 재정을 지원하는 여러 방안들을 내놓았는데, 그 대표적 예로 건물 '임대료 무상화'를 들 수 있다. 모스크바의 경우 대부분의 단독 건물은 물론이거니와 건물 내에 입주한 극장들의 경우도 별도의 임대료를 지불할 필요가 없었으며, 오히려 여유 공간의 일부를 임대하거나 독자적으로 활용할 수 있게 되었다. 이 경우 소득세를 면제해 주는 것은 물론 극장 내 레스토랑이나 카페, 소규모 가게 등을 통해 영업을 하는 것이 가능해졌다. 이에 극장들은 레퍼토리 선정의 자유와 재정 독립을 위한 발판을 마련하면서 양질의 공연에 집중할 수 있게 되었다. 당국의 이 같은 지원은 러시아 공연예술의 가치와 육성방안에 대한 전 국민적 공감대 위에서 가능한 것으로, 힘든 시기에도 문화예술에 대한 투자를 중단치 않는 러시아의 저력, 폭넓고 깊이 있는 러시아 문화예술 인프라의 수준을 느끼게 한다.

개혁·개방이 포스트소비에트 연극계에 몰고 온 또 하나의 큰 변화는 러시아 극단과 연출가들의 해외 진출이다. 과거 KGB의 감시 아래 볼쇼이와 마린스키를 비롯한 일부 유명 극장들에만 허용되었던 해외공연의 기회가 대폭 확대되었는데, 공적인 것은 물론 개인적 차원의 교류도 가능해졌다. 각 극장들은 공연을 비롯해 연출가와 배우, 스텝들을 상호 교환하는 체제를 갖추고서 활발한 해외진출의 기회를 엿보게 되었다. 특히 스튜디오 중심의 젊은 극단들은 이러한 변화의 기류에 가장 적극적 반응을 보이며 해외 진출의 선두에 섰다. 가장 먼저 유럽으로 나간 극단 데레보(Derevo)를 비롯해 80년대 말에 결성된 대표적 아방가르드 그룹 아해(Akhe) 그리고 유럽뿐 아니라 한국에서도 몇 차례 공연된 광대극의 대부 폴루닌(С. Полунин)의 리체데이(Licheday)를 들 수 있다. 소비에트 말기 기성 극단과의 차별을 선언하며 연극계의 아방가르드로 떠올랐던 이들 젊은 극단은 일찍이 세계 연극의 흐름에 주목하면서 개방의 기회를 적극 활용했는데, 아비뇽오프(Avignon Off)와 에딘버러프린지(Edinburgh Fringe) 같은 유럽 연극축제에 참여함으로써 해외 공연계의 시선을 끌 수 있었다.[04]

스튜디오 극단의 활약과 더불어 기존 러시아 연극계를 대표하는 유명 연출가들의 해외 진출 또한 눈여겨볼 만하다. 개방 직후 서구 연극계와 달리 아직도 보존되고 있는 '연극-학교', '연극-교회' 전통을 간직한 러시아 연극은 그 진지함과 독창성, 스타니슬라프스키 시스템하에서 구축되어 온 배우수업 방식, 학교 교육과 외부 극장의 협력 시스템 등으로 세계 연극인들의 주목을 끌기 시작했다. 도진(Л. Додин)을 비롯해 류비모프, 바실리예프(А. Василиев), 포멘코(П. Фоменко), 긴카스(К. Гинкас), 포킨(В. Фокин) 등으로 대표되는 러시아 연출가들의 활약은 러시아를 넘어 세계무대에 러시아 연극의 힘을 알리며 세계적 명성을 획득해 오고 있다. 특히 상트페테르부르그의 변두리 극장에서 출발한 도진의 말리드라마극장(Малый драматический театр)은 1992년 유럽극장연합에 가입한 뒤 그 능력을 인정받아 파리의 오데온극장, 밀라노의 피콜로극장에 이어 1998년 세 번째로 유럽극장(Theatre of Europe)의 칭호를 얻으며 세계연극계의 리더로 올라섰다.

한편 오랜 침묵을 깨고 세계무대에 등장한 러시아 연극과 연극인들의 이 같은 활약은 국내외 유명 기업들에서 예술 애호가에 이르기까지 다양한 형태의 후원자 그룹을 탄생시켰다. 한국의 삼성 역시 일찍감치 경영난을 겪고 있던 볼쇼이극장을 지원한 것으로 유명한데, 러시아에 들어온 해외 기업들은 문화마케팅 차원에서 무엇보다 공연단체 및 예술학교에 대한 지원에 열을 올리고 있다. 2000년대에 들어와 러시아 경제가 활기를 띠게 되면서 러시아 기업들 역시 후원에 적극 참여하고 있는데, 이는 러시아 공연문화가 낳는 파급효과에 대한 높은 기대수준을 잘 보여 준다. 그러나 이 경우 이미 유명해진 극장이나 연출가들을 중심으로 지원이 몰리는 탓에 후원금의 빈익빈 부익부 현상이 가속화되는 실정이다. 신설 극장들이 1~2개 기업 후원을 겨우 얻는데 반해 도진의 말리극장은 이미 80

년대 후반부터 해외 기업들의 후원을 받기 시작하더니, 2005년 현재 10여 개 굵직한 러시아 기업들의 후원을 거의 독점하는 양상을 보인다.

이보다 더 심각한 것은 국가 지원금과 후원금의 사용 내역이 체계화된 관리를 통해 명확히 제시되지 않는다는 점이다. 소비에트 시기 유명무실했던 극장 내 경영감독의 역할이 부각됨에 따라 최근 운영진의 역할이 분리되어 있음에도, 드라마 극장의 경우 아직껏 예술감독의 막강한 권한 아래 극장운영이 상당히 폐쇄적으로 진행되는 실정이다. 즉 국가지원금 이외에 대부분의 후원금은 예술감독과 후원단체장의 개인적 친분관계에서 나오는 경우가 많으며, 보조금 또한 공식 라인을 통하는 것 외에 위원장 혹은 시장, 나아가 대통령과의 사적 관계를 통해 그 액수가 조정되는 예도 많다.

위에서 지적한 양분된 므하트 중 하나인 고리키므하트를 둘러싸고 21세기 초에 가열된 문화계의 공방은 극장운영과 재원 관련해 쌓였던 문제점이 폭로된 대표적인 경우다. 공방의 시작은 2002년 1월 대표적 일간지 「코메르산트(Коммерсант)」와 「독립신문(Независимая газета)」에 예술감독인 도로니나의 초연작 「상처받은 사람들(Униженные и оскорбленные)」에 대한 공연 리뷰가 실리면서 본격화되었다. 두 글의 논지는 대단히 강력하다: "오늘날 극장으로서 고리키므하트의 존재는 단지 문화권력의 비결단성과 비실용적 사고로만 설명할 수 있다"(Р. Должанский), "두 개의 볼쇼이, 두 개의 마린스키⟨...⟩가 있을 수 없듯이 두 개의 므하트는 애초부터 있을 수 없는 것이다. 어떻게 두 개의 크레믈린과 화이트하우스, 두 명의 대통령⟨...⟩이 가능할 수 있단 말인가!"(А. Красовкин). 이는 곧 연극평론가 자슬라프스키(Заславский, 2002: 1~2)의 기고로 이어지면서 큰 파장을 불러일으켰다. "극장 문을 닫을 때가 되지 않았는가?"라는 글에서 자슬라프스키는 위 신문들에 실린 평과 의견을 같이하며 도로니나의 극장 운영 능력의 미숙함과 현실감각의 부재, 독선적 성격으로 인한 불화, 그리고 재원 관련해 불투명한 경영방식이 빚은 문제점들을 늘어놓는다. 그의 요구는 단호하다: "극장 문을 닫는 것, 그보다는 더 확실히 국가지원금을 중단시켜야 하는 걸까? 필요하다. 반드시 필요한 일이다. 그러나 누가 그 골치 아픈 일을 짊어진단 말인가?" 나아가 자슬라프스키는 문화부 차원에서 극장의 실태를 정확히 파악하고 고리키므하트의 경우처럼 국민의 혈세가 헛되이 낭비되는 일을 결코 되풀이해서는 안 됨을 분명히 밝힌다.

한편 도로니나에 대한 이 같은 공격은 즉시 그녀를 옹호하는 반대 세력의 강한 반발에 부딪혔다. 극작가 로조프(В. Розов)와 작가 라스푸틴(В. Распутин)을 위시해 문화계 원로 인사들의 서명을 담은 '대통령에게 보내는 공개서한'이 발표되는 팽팽한 긴장상태를 유발시켰다. 이 서한에서 로조프는 소위 소장 세력의 무례함과 실용주의적 태도에 일침을 가하며 그들이 민족 예술을 철저히 파괴시키고 있음을 강조한다: "작금의 사태를 이겨내기가 정말이지 힘듭니다. 극장을 '돈 버는 장소'로 바꾸려는 투쟁이 진행 중입니다.〈...〉 전통적 가치가 거의 사라져 버린 희망 없는 세계에서 오직 상업주의의 꽃만이 만개하는 것을 결코 허용해서는 안 됩니다."(Розов и др., 2002). 이 사태는 그동안 누적되어 온 공연계 개혁과 보수 세력의 갈등이 표면화된 것으로, 깊게 패인 골은 지금껏 쉽사리 메워지지 않고 있다. 급기야 문화부장관이 중재에 나서서 도로니나의 손을 들어주는 것으로 사태는 일단락되었으나 이를 계기로 국가지원금과 후원금에 대한 정부 차원의 계획안이 마련되기 시작했다.

다른 한편 므하트의 예를 통해 본 이러한 갈등은 오랜 기간 지속되어 온 레퍼토리극장의 운영방식에 대한 문제 제기와 개별 극장들이 맞닥뜨린 예술성과 상업주의 간의 갈림길에서 새로운 극장유형에 대한 고민이 표출된 것이라 할 수 있다. 21세기에 들어와 극장경영 방식과 관련해 주목할 만한 변화로 '엔터프라이즈(антреприза)극장'의 등장을 들 수 있다. 이는 기존 레퍼토리극장 시스템이 낳은 고질적 문제들 – 예술감독의 지나친 독주와 극장 소속 배우들의 한계, 젊은 연출가와 배우들에게 주어지는 기회 불균등, 지원금 낭비와 비즈니스 마인드의 부재 등 – 에 대한 대안으로 만들어졌다. 일종의 '프로듀서극장'이라고도 불리는 엔터프라이즈극장은 예술감독이 아닌 프로듀서가 중심이 되어 기획 공연을 위해 배우들을 불러 모으는 형식으로, 국가지원금을 전혀 받지 않는 상태에서 후원금과 공연수익금으로 충당하는 서구식 기업형 극장과 유사하다. 이같은 극장의 등장은 새로운 시스템하에 능력 있는 젊은 연출가에게 많은 기회를 제공하고 경쟁력 있는 작품을 길러 내기에 유용한 면을 지닌다. 그러나 지나치게 흥행 위주의 공연에 매달리면서 인기배우들에 대한 의존도가 높아지고 배우와 연출가 간의 연대감이 약화된 상황에서 '연극-교회', '연극-학교'의 개념을 약화시키고 있다. 특히 후자의 경우 기성 연극인들과 연극평론가들의 호된 비판에 직면해 있는데, 최근 불거진 엔터프라이즈극장을 둘러싼 논쟁은 이 문제의 당면성을 잘 보여 준다.

최근 연극계의 논란을 예술감독 대 경영감독(프로듀서, 매니저) 간의 헤게모니 경쟁으로 파악하는 연극평론가 필립포프(Филиппов, 2000)는 일련의 신문기고를 통해 양자 간의 경쟁이 본격적으로 시작되었음을 지적했다. 특히 장기간 지속되어 온 볼쇼이극장 사례는 문화부 장관이 경영감독의 손을 들어줌으로써 극장운영에서 매니저와 경영진의 역할이 더 중요해졌음을 간접적으로 암시한 것으로, 이것의 파급효과는 엔터프라이즈극장의 확대뿐 아니라 기존의 레퍼토리극장을 경영감독 중심으로 변화시키는 효과를 불러일으키고 있다. 모스크바의 전통적 레퍼토리극장인 푸쉬킨극장(Театр имени Пушкина)의 변화는 그 대표적인 것으로 경영감독 오를로프(В. Орлов)는 극장을 가리켜 '거대한 기업'이라 칭하며, 그 목적은 수익 달성에 있음을 당당히 밝힌다: "우리의 임금은 관객이 얼마나 오느냐에 달려 있다. 게다가 우리가 만들어 낸 상품이 잘 팔리는데, 〈...〉 이는 굉장히 좋은 징조다."(Филиппов, 2001b). 상업성에 치중한 이 같은 논지는 이전 예술감독인 예레민(Ю. Еремин)을 비롯한 많은 평론가들의 반발을 불러일으켰는데, 예레민은 이 같은 변화가 예술적, 창조적 삶의 장으로서 극장 본연의 역할을 무시하고 있음을 주장한다: "영화는 복제 예술인 반면 연극은 바로 자신의 삶처럼 진행형이다. 게다가 연극은 삶의 모델을 만들어 내기도 한다. 극장은 다른 아무것도 아닌 삶에 의지하는 것이다."(Филиппов, 2001a).

엔터프라이즈극장의 부각에 대한 평론가들의 우려에도 불구하고 새로운 극장 시스템이 갖고 있는 장점 또한 사실이다. 좀 더 앞선 1993년에 프로듀서 컴퍼니 독립극장기획(Независимый театральный проект)의 초안을 마련한 마메토프(Э. Маметов)는 이미 혁명 전부터 러시아에 엔터프라이즈극장이 존재했으며, 그런 의미에서 최근 이 극장들의 부각을 서구화의 폐해가 아닌 사라진 전통의 부활이란 측면에서 볼 필요가 있음을 강조한다: "혁명 이전 우리에겐 두 개의 황실극장이 있었으며, 나머지는 모두 엔터프라이즈극장이었다. 이젠 아무도 기억하지 못하지만 므하트 역시 예술애호가들과 스타니슬라프스키 자신의 돈으로 조직된 엔터프라이즈극장이 아니었던가! 파리의 그 유명한 디아길례프 러시아 시즌이 무엇이었던가? 그런데 지금 러시아에서, 엔터프라이즈의 풍부한 전통을 가진 나라에서 사람들은 그것을 '하찮은 것(халтура)'으로 받아들이고 있다"(Что такое антреприза, 2005). 나아가 마메토프는 엔터프라이즈극장의 주요 특징을 관객지향성으로 파악하며, 레퍼토리극장의 폐쇄성을 벗어나 공연 자체를 위해 연출가와 배우들이 자유롭게 헤쳐 모이는 역동성에서 찾고 있다. 그러나 공연이 실패했을 경우, 파산의 위험 또한 프로듀서가 떠안아야 할 몫이기도 하다.

21세기에 들어서면서 러시아 연극계는 큰 변화를 경험하는데 그 중심에는 성공리에 치러낸 국제연극올림피아드와 세계적 규모로 성장한 체홉국제페스티벌 그리고 10여 년에 걸친 장기 공사 끝에 마침내 완공된 메이에르홀드아트센터의 건립 등이 있다. 이 같은 국제적 규모의 행사들과 문화센터의 건립, 여기에 국가지원금의 증액과 각종 후원금의 조성으로 러시아 연극은 여러 문제들을 지닌 가운데도 전에 없는 호황을 누리며 제2의 전성기를 구가하고 있다. 더군다나 2003년부터 러시아 6대 대형 예술기관에 대통령 지원금이 책정된 것과 2004년 대통령 직속으로 뛰어난 문화예술재원이 해외로 유출되는 사태를 막기 위해 볼쇼이와 기티스(ГИТИС)를 비롯한 주요 극장 임원들과 교원들의 임금을 정상화하는 방안이 추진되면서 극장의 열기는 더해지고 있다. 그러나 혼란의 시기에 던져진 새로운 난제들은 여전히 남아 있다. 향후 바람직한 극장운영은 예술성과 상업성 간의 줄다리기, 레퍼토리극장과 엔터프라이즈극장의 균형 있는 공존 그리고 투명한 극장경영 시스템의 보완 속에서 '연극-학교', '예술의 대중화'라는 러시아 연극의 전통적 역할을 어떻게 살려 내는가에 있다고 하겠다.

3. 레퍼토리의 다양화와 '고전의 무대화'

소비에트 시기 드라마극장의 레퍼토리에는 일정한 원칙이 마련되어 있었다. 물론 해빙기를 지나면서 일정한 예외적 상황이 만들어지기도 했지만, 기본적으로 보편적 인류애를 구현한 러시아 고전작품과 세계 고전작품, 그리고 사회주의 리얼리즘 원칙을 실현한 현대물들 순으로 레퍼토리를 엮어야 했다. 레퍼토리 선정에 대한 당국의 검열과 통제하에 허가된 작품만이 상연될 수 있었는데, 특히 현실 비판과 역사적 폭로 등을 담은 작품, 섹스 및 퇴폐적 경향의 음란물, 마약이나 폭력과 같은 사회악을 다룬 공연은 법적으로 엄격히 금지되었다. 새로운 시기는 이른바 '블랙테마(чёрная тема)'라 불리는 이 모든 것의 상연을 가능케 했으며, 검열 폐지와 표현의 자유가 허용된 상황에서 그 변화의 양상은 레퍼토리 구성에서 나타나기 시작했다.

'글라스노스트(개방)'의 상징인 갈린(А. Галин)의 「아침 하늘의 별들(Звёзды на утреннем небе)」을 비롯해 라진스키(Э. Радзинский)의 「1981년 스포츠 장면들(Спортивные сцены 1981 года)」, 「우리들의 데카메론(Наш Декамерон)」, 라주모프스카야(Л. Разумовская)의 「친애하는 옐레나 세르게예브나(Дорогая Елена Сергеевна)」, 두다례프(А. Дударев)의 「쓰레기 더미(Свалка)」, 그리고 소비에트 시기 수용소 생활을 담은 긴즈부르그

(Е. Гинзбург)의 「급행 노선(Крутой маршрут)」 등 1980년대 후반과 1990년대 초반에 걸쳐 과거에 전적으로 금지되었거나 부분적으로만 허용되었던 작품들은 어느새 모스크바와 페테르부르그 극장의 레퍼토리에서 인기 공연으로 자리 잡았다. 특히 「아침 하늘의 별들」은 모스크바 올림픽이 열렸던 1980년, 사회가 침묵하고 있던 알코올 중독, 폭력과 강간, 매춘의 문제를 공개적으로 다룬 문제작으로 개방 직후 가장 빈번하게 상연된 대표적 작품 가운데 하나이다(Громова, 2005: 87~104).

이와 더불어 혁명 전후 정치적, 사상적 이유로 잊혀졌거나 망명한 작가와 연출가, 배우들의 복권 또한 자연스레 이루어졌다. 1920년대에 만 개했다가 자취를 감춘 러시아모더니즘 작가들과 서구 모더니즘, 부조리 작가들의 작품이 표면 위로 떠오르면서 주목받게 되었다. 반소비에트 작가라는 치욕 속에서 쓸쓸한 최후를 마친 불가코프(М. Булгаков)의 「조야의 아파트(Зойкина квартира)」와 「적자색 섬(Багровый остров)」을 비롯한 모든 희곡들이 무대화되었으며, 플라토노프(А. Платонов)의 「14채의 붉은 오두막집(14 красных избушек)」, 그리고 '자살'이라는 사회주의 최대 악을 제목에 내세워 문제를 불러일으켰던 에르드만(Н. Эрдман)의 「자살(Самоубийца)」과 관료사회의 병폐를 고발한 「위임장(Мандат)」 공연은 오랜 공백기를 거쳐 관객과 조우하게 되었다. 하지만 검열 폐지와 레퍼토리 선정의 자유라는 새로운 상황은 아이러니컬하게도 상업성의 폐해 아래 공연물의 질적 저하와 창작의욕의 상실이라는 난제를 야기했다. 개혁·개방의 여파로 한동안 연극무대는 저급한 문화와 고급 예술이 충돌, 공존하는 혼돈의 공간이기도 했다.

이렇듯 1980년대 후반부터 1990년대 초반까지 러시아 연극계는 다채로움을 띠는 동시에 혼돈과 갈등의 연속이었으며, 표현의 자유와 나란히 새로운 형태의 모순적 상황과 가치관의 변화, 정체성 상실의 문제에 당면해 '위기'의 시간을 보내야만 했다. 그러나 1990년대 중반을 지나면서 러시아 연극의 레퍼토리는 저속한 에로티시즘과 포르노그래피, 검증되지 않은 아방가르드 작품에서 탈피해 거듭나기 시작했으며, 내부 갈등으로 골머리를 앓던 극장들도 차츰 안정을 찾기 시작했다. 당시 므하트 예술감독이었던 예프레모프는 예측하기 힘든 혼돈에 직면한 극작가들의 망연자실에 대해 언급하며, 이는 상황을 "회피하는 것이 아니라 벌어지고 있는 것의 의미를 이해하기 위해 멈춰선 것일 뿐"이라 덧붙인다(Заславский, 1999). 이 시기 표현의 무제한적 자유와 금기의 무조건적 수용이 낳은 또 다른 '위기'는 연극인들로 하여금 자유로운 실험을 통해 혼돈과 무질서를 뛰어넘어 바람직한 무대를 위한 토대를 마련하는 기회이기도 한 셈이었다.

앞서 제3장에서 자세히 살펴보았듯이, 21세기에 들어와 러시아 연극은 급성장하는데 레퍼토리와 관련해 가장 눈에 띄는 현상으로 '고전의 무대화'를 들 수 있다. 2000년 이후 월평균 극장 레퍼토리의 60~70% 이상이 푸쉬킨, 고골, 오스트로프스키, 도스토예프스키, 체홉 그리고 셰익스피어와 몰리에르 등 러시아 및 서구 고전작가들의 작품이며, 이러한 경향은 최근에 와서 더 늘어나는 추세다. 물론 포스트모더니즘 계열의 아방가르드 연극 및 다양한 실험극들, 상업적 오락물 또한 연극무대 한편을 다채롭게 장식하고는 있으나 고전의 무대화 현상은 월등히 두드러진다. 특히 19세기 러시아 고전에 대한 관심은 그 어느 때보다도 높으며, 그 가운데 고골과 오스트로프스키, 도스토예프스키 그리고 체홉의 무대화가 주를 이룬다. 전통적으로 고전 작품들로 주요 레퍼토리를 채우던 말리극장과 므하트는 물론이거니와 현대극을 더 비중 있게 다루던 마야코프스키극장과 소브레멘닉극장, 렌콤극장에서도 레퍼토리의 절반 이상이 고전으로 채워지고 있다.

〈표-1〉 2005년 1월 모스크바 극장 레퍼토리

극장	작가: 작품	
말리극장	오스트로프스키:	「마지막 희생자」, 「늑대와 양」, 「숲」, 「정의는 좋은 것, 행복은 더 좋은 것」
	체홉:	「갈매기」, 「세자매」, 「벚꽃 동산」
	그리보예도프:	「지혜의 슬픔」
	A. 톨스토이:	「차르 이반 그로즈니」
체홉므하트	몰리에르:	「타르튀프」
	오스트로프스키:	「마지막 희생자」, 「숲」
	체홉:	「벚꽃 동산」
	불가코프:	「백위군」
	셰익스피어:	「리어왕」
	고리키:	「소시민들」
마야코프스키극장	고골:	「결혼」
	도스토예프스키:	「카라마조프씨네」
	셰익스피어:	「뜻대로 하세요」
	입센:	「인형의 집」
	고린:	「당신네 두 집 모두의 페스트」
	피터 셰프:	「탐정의 눈을 본 사랑」

소브레멘닉 극장	고골:	「죽은 혼」
	도스토예프스키:	「악령」
	체홉:	「세자매」, 「벚꽃 동산」
	오스트로프스키:	「뇌우」
	셰익스피어:	「실러를 연기함」
	버나드 쇼:	「피그말리온」
	갈린:	「아침 하늘의 별들」

자료: Театральная Афиша (2005, январь).

현대 러시아에서 고전의 활용은 사회주의 체제에서 형성된 극장문화 전통과 밀접하게 연관되어 있다. 소비에트 시기 표현의 자유가 제한된 상황에서 반복된 고전의 무대화는 보편적 진리의 재현을 넘어, 동시대의 문제를 제기하고 비판하는 대중 소통의 방식이었다. 해빙기 새로운 연극 운동의 핵심인물들이었던 '60년대' 연출가들의 대표적 레퍼토리는 거의

그림 4-3 타칸카극장 「햄릿」 공연 중 한 장면. 햄릿 역을 맡은 유명가수 브이소츠키 (В. Высоцкий)가 기타를 치며 노래하고 있다.

대부분이 고전, 특히 러시아 고전이었다. 전설의 연극 토프스토노고프 (Г. Товстоногов)의「백치」(1959), 에프로스(А .Эфрос)의「세자매」(1967), 「로미오와 줄리엣」(1970), 그리고 류비모프의「햄릿」(1971),「죄와 벌」 (1978) 등은 동시대인들의 운명과 실존적 고뇌를 담은 대표작이라 하겠다. 오랜 시기 잊혔던 도스토예프스키를 무대 위로 끌어낸 토프스토노고프의「백치」에서 므이쉬킨은 암울한 시대에 절대적으로 필요한 이상적 인간, 일종의 메시아였다. 그리고 류비모프의「햄릿」(1971)에서 왕자 햄릿은 타락한 소비에트 성에서 분노에 찬 눈빛으로 부조리한 세상에 맞서 싸울 것인가, 말 것인가를 고민하는 동시대의 비극적 형상으로 구현되었다(Смелянский, 1981, 5). 물론 다른 나라에서도 고전의 무대화는 시대를 관통하는 보편적 가치와 동시대성을 담아 긴장감을 살리는 것이 최대의 관건이나, 전체주의 사회에서 억압된 현실 비판의 통로로 그것이 가지는 의미는 더욱 크다 하겠다. 이 경우 고전의 무대화는 연극적 현상을 넘어 시대정신을 구현한 동시대 비판적 지성의 상징으로까지 승화된다.

이러한 전통 속에 뿌리내린 러시아 연극인들의 창조적 역량은 표현의 자유가 전면적으로 허용된 포스트소비에트 무대에서 더욱 진가를 드러낸다. 최근 러시아 안팎에서 주목을 끌고 있는 대표 연출가들(긴카스, 도진, 류비모프, 아르치바셰프, 포멘코, 포킨 등)의 공연 대부분은 고전과의 대화를 시도한 것으로, 푸쉬킨에서 체홉에 이르는 19세기 러시아문학의 대표 작가들뿐 아니라 셰익스피어, 몰리에르, 입센, 버나드 쇼 등 서구 유명 극작가들을 두루 다루고 있다. 특히 흥미로운 현상은 동시대 극작가들의 작품을 통해 무대혁신을 꾀했던 소브레멘닉극장과 예술감독 에프로스를 중심으로 1960년대 이후 행보를 나란히 해 왔던 렌콤극장에서 찾을 수 있다. 1960~1970년대 아웃사이더 극장으로 불리는 이들 두 극장은 현대극을 통해 반소비에트적 경향을 표방하며, 레퍼토리 선정에서 올바른 방향을 제시하지 못했다는 이유로 1970년대 초 예술감독을 교체한 것으로도 유명하다. 그런데 1990년대에 접어들어 고전을 통해 인간의 존재론적 문제를 다루는 무대에 열중하기 시작했으며, 2006년 아카데미 극장의 칭호를 부여받으면서 시대변화와 그에 맞서는 연극의 역할을 잘 보여 준다(전정옥, 2006a: 106~113).

반면 오랫동안 고전을 주요 레퍼토리로 삼아온 체홉므하트와 모스크바 말리극장의 최근 행보는 전통과 더불어 동시대 변화를 적극 수용해 고전을 '재현'이 아닌 '재창조'해내는 러시아 연극의 현대적 기운을 잘 느끼게 한다. 2000년 6월, 배우이자 연출가인 타바코프(O. Табаков)가 므하트 예술감독으로 부임하면서 전방위적 개혁을 단행했다. 그 작업은 전통을 수호하는, 선택된 기관으로서 아카데미 극장의 칭호를 반납하는 데서 시작되었다. 이에 기존 레퍼토리를 대폭 수정하고 재능있는 젊은 연출가들에게 기회를 줌으로써 프로그램이 다양화되었는데, 이는 전통의 권위에 매이지 않고 '지금', '여기'의 현실에 용기 있게 맞서겠다는 의미로 파악된다. 정통 고전극의 상징인 말리극장 역시 '박제된 연극박물관'의 꼬리표를 떼겠다는 의지로 젊은 연출가 제노바치(C. Женовач)를 영입하면서 변화의 신호탄을 쏘아 올렸다. 제노바치의 작업은 말리의 관습을 파괴하지 않으면서 고전에 대한 동시대인들의 기대 지평을 충족시키는 뛰어난 연출이라 평가받는다(전정옥, 2006b: 124~129). 이렇듯 현대 러시아 연극계의 핫이슈인 고전과의 적극적인 대화는 원작의 보편적 가치를 계승하는 동시에 새로운 무대언어를 통해 동시대 관객에게 진지하고 친근하게 다가서는 창조적 작업으로, 혼란스러운 전환기 삶에서 개인과 공동체의 정체성을 확립하고 현실과의 새로운 관계를 모색하는 긴장의 과정이라 하겠다.

4. 극장과 관객의 두 얼굴

포스트소비에트 시기 새로운 공연문화의 형성은 무엇보다도 관객의 몫이었다. 공연문화의 한 축을 구성하는 관객은 공연물의 직접적 소비자인 동시에 무대 위 작품을 만들어가는 공동 창조자, 생산자이기에 문화 정체성의 '위기'가 대두되는 혼란의 시기에 그 역할은 더욱 중요하다고 볼 수 있다. 앞서 강조했듯이 사회주의 문화유산의 대표적 장점으로 클래식이 곧 대중예술이었으며, 체계적인 문화예술교육을 통해 길러진 수준 높은 관객층의 형성을 들 수 있다. 소비에트 시기 연극은 문학과 더불어 가장 대중적 예술인 동시에 강한 비판적 성격을 띠었으며, 대중의 지속적인 관심과 지지를 발판으로 대부분의 극장들은 일정한 고정 관객을 확보하고 있었다. 이 시기 극장은 공연감상을 위한 제한적 공간이 아니라 대중교육의 학습장이자 해빙 이후 비공식 문화를 견인하는 지식인과 예술가들, 그리고 진실에 목말라하는 관객들과의 소통의 장소였다. 마치 17~18세기 영국의 커피하우스나 클럽을 연상시키듯이 언론과 정치회합을 어울러 놓은 그곳에서, 대중은 자신들이 알고자 했던 사실, 하고 싶어 했던 이야기, 공식 언론을 통해서는 결코 알 수 없었던 진실을 보고 듣고 느끼며 토론 문화를 꽃피울 수 있었다. 소비에트 시기 러시아 연극인들

이 점했던 남다른 위치는 다름 아닌 관객과의 밀접한 교감 속에서 만들어진 공동의 위상이라 하겠다.[05]

소비에트 시기 잘 다져진 극장과 관객 간의 신뢰 덕분인지, 잘 형성된 예술교육 시스템 덕분인지는 몰라도 포스트소비에트 문화의 '위기'는 연극의 경우 다른 양상을 보인다. 1990년대 중반까지 문학을 비롯해 영화, 미술, 음악, 출판, 스포츠 등 문화예술 장르 전반이 극심한 경제난과 내부 진통 속에서 불황에 허덕인 사정에 반해, 연극 공연은 여전히 극장을 찾는 관객들로 붐비고 있었다. 입장료 인상이 단행되지 않았던 1990년대 초반은 물론이거니와 입장료가 큰 폭으로 상승된 1990년대 중반에 이르러서도 연극애호가들은 결코 극장을 외면하지 않았으며, 공연은 고정 관객층의 지지에 힘입어 오히려 유례없는 호황을 누리기까지 했다. 예술사회학자 다다먄(Г. Дадамян)은 이런 상황을 흥미롭게 규정한다: "우리의 삶에서 벌어지는 많은 백치주의(идиотизм)는 다른 언어로는 옮겨지지가 않는다. 지금 계산 빠른 미국인들(프랑스인들, 독일인들, 영국인들 등)은 대체 어떤 이유에서 지난 10년간(1985~1995) 국립극장의 수가 50% 증가할 수 있었는지 도무지 이해할 수 없을 것이다. 알다시피 건전한 논리에 따르자면 모든 것이 정반대가 되어야 하는 게 아닌가"(Пахомова, 1998: 11).

1994년 러시아 예술학연구소가 실시한 설문조사에 따르면 러시아의 연극 관객은 성인의 33%를 차지하며, 모스크바의 경우는 무려 42%에 이른다. 그중 38%는 고정 관객들로서 좋아하는 배우를 보기 위해(62%), 무대 장치와 의상, 음악 등 그 분위기를 즐기기 위해 극장을 찾으며(37%), 특정 연출가의 작업에 대한 관심(28%)도 높은 편이었다. 또한 가장 선호하는 레퍼토리로 고전희곡(33%)을 들었으며, 이에 반해 실험극(15%)에 대한 관심은 비교적 낮은 편이었다(김 아나톨리, 1996: 52). 이상의 수치는 시공간적 제약을 갖고 있으나 그럼에도 몇 가지 흥미로운 사실을 유추하게 만든다. 즉 정기적으로 극장을 찾는 고정 관객 수가 러시아 전체에서 38%라면 모스크바의 경우 그 수치는 더욱 늘어날 것이며, 고전희곡에 할당된 레퍼토리 선호도 역시 더 높은 수치일 것이다. 이는 오랜 기간 구축되어 온 관객층이 상당히 두텁고 안정적임을 말해 준다. 또한 연극이 단순한 볼거리가 아니라는 점, 준비된 관객들로 하여금 능동적으로 사고하고 참여하게 만드는 연극 본래의 전통이 여전히 유지되고 있음을 잘 보여 준다. 물론 이 같은 연극의 호황이 다른 볼거리가 취약해지고 이미 익숙해진 여가 선택 취향에서 나온 것이라는 의견도 있다. 그러나 최근 조사는 대중예술로서 연극의 위치를 새삼 확인시켜 준다. 주식회사 '네슬레' 후원으로 2002부터 매년 실시해 오고 있는 '극장관객 성향조사'(표-2)에 따르면,[06] 1990년대 초기와 비교해 무려 평균 100배 정도의 입장권 인상이 있음에도 불구하고 극장이 관객들로 붐비는 제2의 전성기를 맞고 있는 현상을 잘 설명해 준다.

〈표-2〉 극장관객 성향조사(2005, 모스크바)

조사항목	조사결과
성비	여성(71%), 남성(29%)
연령대	16~25세(30%), 25~36세(20%), 36~45세(22%), 46세 이상(37%)
교육정도	대졸(58%), 전문대졸(20%), 대학중퇴(11%), 고졸(11%)

직업	화이트칼라(39%), 학생(26%), 중간급 임원(13%), 예술인(10%), 연금생활자(9%), 고위급 임원(6%), 노동자(2%)
생활수준	100달러 미만(8%), 100~200달러(26%), 200~300달러(27%), 300~500달러(19%), 500~700달러(10%), 700달러 이상(6%)
방문수	매달 1회(31%), 수개월에 1회(19%), 매주 1회(18%), 6개월에 1회(15%)
동반자	친구(56%), 배우자(39%), 혼자서(12%), 부모님(9%), 자녀(9%)
작품 선택 기준	배우(54%), 연출가 및 제작자(30%), 극장(28%), 공연의 인기순위(25%), 티켓가격(18%)
선호 장르	고전극(61%), 실험극(15%); 코메디(50%), 드라마(48%), 뮤지컬(14%), 발레(14%)
정보의 출처	친구(38%), 언론(35%), 공연목록잡지(35%), 인터넷(25%)

위 설문조사를 통해 우리는 고전극의 우세와 고정 관객의 존재를 확인할 수 있다. 관객의 50% 정도가 한 달에 1~2번 이상 연극을 관람하고, 그중 18%는 1주일에 한 번 이상을 관람하는 열성 애호가들이며, 전체 관객의 55%가 연극페스티벌 소식에 관심을 갖고 지속적으로 살핀다는 점, 화이트칼라 관객이 39%에 달한다는 사실, 그리고 39%에 이르는 배우자와의 동반 관람 역시 러시아적 상황을 특징짓는 점들이라 하겠다. 게다가 평균 4인 가정의 한 달 생활비가 300달러도 안 되는 상황에서 영화나 타 오락 장르에 비해 비교적 값이 비싼 연극 공연을 찾는다는 것 또한 다른 나라에서는 결코 보기 쉽지 않은 상황이다. 매일 저녁 공연이 시작되

는 7시~7시 반, 그리고 끝나는 9시~10시를 전후해 모스크바 시내에서 발생하는 러시아워는 러시아 공연문화가 낳은 흥미로운 현상 가운데 하나다. 이는 공연 자체뿐 아니라 주변 식당과 카페, 기념품 생산판매의 활성화를 이끌어 내며 문화산업의 다양한 가능성을 제시하고 있다. 국공립 기관이 아닌 커피회사로 유명한 네스카페가 수년간 극장 후원 및 극장관객조사에 관심을 기울이는 것 또한 흥미로운 예라 하겠다.

그러나 공연문화 시장의 변화된 지도가 새로운 문제들을 야기하고 있음도 주지의 사실이다. 볼쇼이, 마린스키, 오페레타, 므하트 등을 중심으로 지나치게 높게 측정된 티켓가격으로 인해 페스티벌 수상작이나 해외 뮤지컬 같은 특정 공연은 외국 관광객과 극소수의 제한된 국내 관객층의 독점물이 된 실정이다. 비공식적 루트를 통해 흥미로운 조직망으로 얽혀 있는 암표상들의 득세 또한 만만치 않은 상태에서, 그간 볼쇼이 극장의 티켓판매 실태는 실로 심각한 상황이었다.[07] 그 타결책으로 상트페테르부르그 마린스키극장이 내놓은 '이중가격제'(외국인과 내국인을 구분해 가격차별을 둠)는 부분적으로 실효를 거두고 있으나, 상대적으로 내국인에게 불리한 여건이라는 점에서 여전히 문제점을 드러낸다. 즉 좌석에 따라 대략 3~5배 싸게 구입할 수 있는 내국인용 티켓은 그 수와 등급이 떨어지는 관계로 초연이나 인기 레퍼토리의 경우 장시간 줄서기는 당연지사이며, 그럼에도 티켓을 쉽사리 구하는 것은 아니다(이진아, 2004: 166~167).

비교적 관람료가 저렴하다고 평가되어 온 연극의 경우, 위와는 사정이 다소 다르나 결코 예외는 아니다. 해외페스티벌 수상을 통해 세계적 명성을 얻기 시작한 유명 연출가들의 연극, 특히 도진, 폴루닌, 극단 데레보 등의 공연은 이제 국내보다는 해외 순회공연에 더 많은 시간을 할애하고 있으며, 국내 공연의 경우도 거의 2000~3000루블을 호가하는 관람료로 인해 접하기가 쉽지 않다. 우리나라에도 몇 차례 방문한 광대극의 1인자 폴루닌과 극단 데레보의 공연은 이제 러시아에서는 일 년에 몇 차례 보기 힘든 연극이 되어 버렸으며, 어린이를 주관객으로 하는 폴루닌의「스노우쇼」같은 작품에 최고 3000루블을 호가하는 가격이 측정되곤 한다. 최근 가장 잘나가는 도진의 말리극장의 경우 1990년대 중반 유럽 연극계에서의 성공이 오히려 그를 러시아 관객들로부터 멀어지게 했다는 여론과 함께 러시아 평론가들의 도마 위에 오르기도 했다. 이는「아침 하늘의 별들」과「형제자매들」에서 소비에트 시기 소외된 계층의 삶을 대변한 것으로 유명해졌던 도진이 어느새 러시아 관객을 소외시키는 역설적 상황에 대한 못마땅함을 드러낸 것이라 하겠다.

이 같은 티켓가격의 상승과 일부 극장을 중심으로 벌어지고 있는 극단적 상황은 관객층의 양극화를 더욱 부추기고 있다. 오늘날 극장의 활기 속에서 여전히 많은 관객이 극장을 찾는 가운데, 이전에는 볼 수 없었던 소수의 특권 관객층이 형성되고 있다. 이른바 '명품 관객'이라 불리던 이들 계층은 유명 극장, 비싼 좌석의 공연만을 찾으며, 그 공연을 선택받은 자들을 위한 특별한 것으로 간주한다. 이 같은 현상은 티켓가격 상승을 더욱 부채질해 댄다. 최근 3~4년간 모스크바의 대표 극장인 므하트와 렌콤, 소브레멘닉의 관객층 변화는 그 단적인 예를 잘 보여 준다.

〈표-3〉 모스크바 주요 극장의 관객구성

극장명	S1	S2	S3	S4	S5
루나극장	19	24	21	22	14
타바코프스튜디오	21	21	24	24	11
체홉므하트	21	24	24	20	10
렌콤극장	24	24	24	21	8
소브레멘닉극장	31	22	23	16	7
현대드라마학교극장	32	23	21	17	7
사티리콘극장	29	25	24	16	6
러시아청년극장	37	30	19	10	3
스타니슬라프스키음악극장	49	20	15	13	2
유형별 평균구성	37	25	21	13	4

자료: "Новый зритель и новые ожидания"(2002: 5).

위 표는 1992년 이후 지난 10년간 모스크바 주요 극장들의 관객유형을 분류한 것으로, S1에서 S5에 이르는 구분은 연극 관객들의 지적 교양 정도에 따라 나눈 것이다. 즉 S1, S2의 경우는 준비되지 않은 비정기적 관객(публика)으로 특정 극장이나 연출가에 대한 이해보다는 작품 자체의 재미 혹은 유명세에 따라 움직이는 유형이다. 반면 S4, S5 유형은 준비된 고정 관객(зритель)으로 극장이나 연출가에 대한 이해는 물론 연극에 대한 애정을 지닌 연극애호가들이다. 여기서 특히 주목을 끄는 것은 렌콤과 소브레멘닉의 수치로서, 소비에트 시기 지성인들이 가장 선호했던 두 극장의 교양층 고정 관객이 크게 감소했다는 사실이다. 므하트의 경우도 두 극장에 비해서는 양호한 편이나 S1이 S5의 두 배를 넘고 있다.

이 같은 변화의 주요 원인은 티켓 가격에서 찾을 수 있다. 므하트와 렌콤, 소브레멘닉은 현재 러시아에서 가장 비싼 좌석을 마련하고 있는 극장들이다. 2004~2006년 시즌의 경우 로얄석이 2000~3000루블을 호가하는데, 더 놀라운 것은 대부분의 좌석이 매진이라는 사실이다. 인기 공연의 경우 한두 달 전에 사전 예매를 하지 않을 경우 암표를 통해서만 관람이 가능한 실정이다. 이제 이들 극장은 일종의 '브랜드화'되어 많은 비정기적 관객을 끌어들이면서 극장의 열기를 가열시키는 한편, 관객의 양극화, 관객 소외현상이라는 새로운 문제를 낳고 있다. 루나극장과 타바코프스튜디오 같은 소극장의 S4, S5 수치가 높은 것은 관객들이 상대적으로 저렴한 가격에 수준 높은 연극을 즐길 수 있기 때문이다. 2002년에 문을 연 체홉므하트의 소극장 '새무대(Новая сцена)' 또한 이탈해 가는 지적 교양층을 다시 끌어들이려는 노력이랄 수 있다.

21세기에 들어와 러시아 연극 관객의 성향과 요구의 폭은 점점 확대되고 있다. 과거 '좋은' 극장에 대한 비평가와 관객들 간의 의견이 거의 일치하던 시절과는 달리, 오늘날 선호하는 극장에 대한 이들 간의 거리는 각양각색이다. 도진에게 가해진 평론가들의 비판과 나란히 대중 관객의 참여가 늘어남에 따라 무겁고 진지한 주제보다는 가볍고 오락성에 치중한 극들이 점점 득세하는 실정이다. 관객에 전적으로 의지하는 엔터프라이즈극장의 경우 스타 군단을 앞세워 대중의 코드에 적극 부합하는 한편, 여전히 진지한 극을 기대하는 연극애호가들은 작은 무대를 찾아 모여든다. 새로운 시기에 들어와 부각되고 있는 극장과 관객의 양극화 현상은 오늘날 시장경제 시스템을 선택한 러시아 연극계가 해결해 나가야 할 가장 어렵고 당면한 문제 가운데 하나라 할 수 있다.

＊ ＊ ＊

　현대 러시아 연극은 1990년대의 혼란기를 거치며 재도약을 위한 발판을 굳히고 있다. 특히 1992년 이후 체홉국제연극페스티벌을 통해 형성된 대외인지도와 그 인맥이 주축이 되어 치러진 국제연극올림픽의 성과, 그리고 10여 년에 걸쳐 완공된 메이에르홀드아트센터의 건립을 계기로 '대중을 위한' 연극이란 슬로건을 내세우며 세계 연극무대의 핵으로 등장하고 있다. 여기에 소비에트 시기 잘 구축된 학교교육과 외부극단의 연계시스템, 고전의 무대화를 통한 시대정신의 구현과 수준 높은 고정 관객층의 지지, 그리고 국내외 다양한 펀드 및 후원 단체의 형성, 게다가 대통령 직속의 후원방안 등은 제2의 전성기를 연상시키며, 포스트소비에트에서도 여전히 건재한 러시아 연극의 힘과 경쟁력을 실감케 한다.
　그러나 소비에트 시기 최대 장애물로 여겨졌던 검열과 이데올로기의 압력은 시장경제체제하에 '자본의 고통'이란 악제로 변해 새로운 난제들을 야기하고 있다. 다른 분야와 마찬가지로 이제 상업주의는 연극무대에서도 예술성을 능가하는 대단히 중요한 고려대상이 되었다. 더불어 개혁세력과 보수진영 간의 깊은 갈등, 보조금과 후원금의 방만한 사용 및 불투명한 극장경영시스템, 그리고 해외 자본에의 의존과 그로 인한 창작주체의 정체성 혼란, 관객의 양극화 현상 등 변화된 시기에 불거져 나온 이 같은 문제들은 현대 러시아 연극을 만들고 향유하는 모두가 풀어가야 할 당면한 숙제이기도 하다.
　전 세계적으로 영화를 비롯한 인터넷과 컴퓨터 게임, 여타의 대중오락 장르가 무서운 속도로 득세하며, 많은 부분 금전적 동기에 의해 흥미 위주의 뮤지컬이나 오페레타에 매달리는 현실에서 러시아 극장과 연극의 고전적 역할 또한 많이 축소되었음은 사실이다. 이제 러시아에서 연극은 여타의 자본주의 국가들에서와 마찬가지로 창작활동인 동시에 소비자 대중 관객의 취향을 더 의식해야 하는 문화상품이 되었으며, 과거와 달리 '좋은' 연극과 '팔리는' 연극이 다른 차원에서 회자되고 있다. 혁명 전후를 통틀어 대중의 정신적 우상으로 받들어졌던 연극계 리더들은 이제 인기배우들 위주의 대중 스타들로 대체되고 있다.

그럼에도 지금껏 진행되어 온 러시아 극장과 연극무대의 정경은 러시아뿐 아니라 전 세계 연극인들로 하여금 연극의 미래와 관련해 여전히 많은 기대를 품게 만든다. 특히 고전을 재창조하는 부단한 작업, 원작의 보편적 가치를 계승하는 동시에 새로운 무대 언어를 통해 동시대 관객에게 진지하게 다가서는 러시아 연극인들의 작업은 가장 러시아적이면서도 가장 아방가르드적인, '변하면서도 변하지 않는' 러시아 연극의 생명력을 잘 보여 준다. 이는 오늘날 뮤지컬의 강세 아래 연극의 '위기'와 존재양식을 고민하는 서구 연극인들에게 여러 시사점을 던져준다. 나아가 잘 갖추어진 극장문화 인프라와 정책담당자들, 그리고 준비된 관객으로 이어지는 공연예술의 가치와 보존을 둘러싼 전 국민적 공감대는 상업주의를 넘어(혹은 상업주의와의 조화 속에서) 전개될 새로운 '러시아적' 무대를 상상하게 만든다.

주석

01 러시아 연극의 특징과 역할을 잘 나타내는 이 용어는 연극이 단지 쾌락과 즐거움을 제공하는 것을 넘어 지식과 문화의 습득을 통해 비판적 안목을 길러 주는 학교 혹은 사회교육기관, 나아가 영적 훈련까지도 담당할 수 있는 사원으로서 극장의 역할을 의미한다. 소비에트 시기 잘 구축된 학교교육과 외부극단의 연계 시스템은 '연극-학교'의 개념이 현실 속에서 구현된 예이며, 여론의 장으로서 극장의 위상 역시 '연극-교회' 개념의 성과라 할 수 있다.

02 지난 세기 러시아 연극을 이끌어 온 실험 정신의 중심이랄 수 있는 스튜디오 운동은 1913년 스타니슬라프스키가 모스크바예술극장 산하에 만든 것을 시작으로 메이에르홀드(В. Мейерхольд)의 바라진스키 스튜디오, 마르자노프(М. Марджанов)의 자유극장 스튜디오 등 1910~1920년대에 걸쳐 일종의 붐을 일으켰다. 스탈린 시기 자취를 감춘 스튜디오 운동은 1950~1960년대 토프스토노고프, 에프로스, 류비모프에 의해 꽃을 피운 뒤 1970~1980년대 들어와 바실리예프, 타바코프 등에 의해 발전되어 왔다. 철저한 배우수업과 일종의 연극 실험실 같은 스튜디오 극장은 세계적 권위를 자랑하는 러시아 연출가들의 연극적 사유와 실천의 장이었으며, 포스트소비에트에 들어와 그 영역이 더 확장되고 있다.

03 러시아에서 개인 소유의 사설극장은 소비에트 정권 수립 이전까지는 존재했었다. 이들 극장은 주로 예술종사자 혹은 후원자 그룹에 의해 세워지거나 유지되어 왔다. 러시아 연극을 대표하는 모스크바예술극장 역시 스타니슬라프스키 주도 아래 모스크바 상인계급의 후원으로 만들어진 일종의 사설극장에서 출발했다. 그런 의미에서 오늘날 새로운 극장의 탄생은 오랫동안 잊혀져 온 사설극장

전통의 부활이랄 수 있다.

04 이후 이들 극단은 그야말로 세계적 극단으로 급성장할 수 있었는데, 데레보는 프라하를 거쳐 드레스덴에 정착하면서 본격적인 유럽 극단의 반열에 올라 에딘버러페스티벌의 단골 초청객으로 자리 잡았다. 폴루닌은 에딘버러페스티벌에서 비평가상(1996)을 수상한 것을 필두로 런던의 로렌스올리비에상, 러시아 골든마스크상, 그리고 최근 뉴욕 드라마데스크상과 같은 세계적인 권위를 자랑하는 여러 상을 휩쓸며 새로운 신화를 창조하고 있다.

05 러시아 관객은 이미 혁명 전부터 독특한 '문화적 반향'을 갖고 있었다. 20세기 초 극장은 러시아 인텔리겐치아의 정치, 사회, 문화적 회합의 장소였으며, 극장의 중요한 사회적 기능을 감지한 스탈린은 대중 교육과 선동에서 여타의 장르보다도 드라마와 연극의 중요성을 간파하며 현실화시켰다. 소비에트 연극 발전의 든든한 밑받침이었던 전국의 레퍼토리극장은 그 탄생에서나 발전 과정에서 지극히 정치적 속성을 띠기 마련이었으며, 관객들의 극장에 대한 이끌림도 많은 부분 정치적, 이데올로기적 동기와 연결되어 있었다(Пахомова, 1998: 7~13).

06 본 조사는 네스카페 후원으로 2005년 2월 19~22일에 걸쳐 모스크바의 주요 10개 극장, 즉 황금마스크페스티벌에 참여한 5개(푸쉬킨, 체홉므하트, 루나, 볼쇼이, 사티리콘) 극장과 참여하지 않은 5개(타간카, 렌콤, 소비에트군대, 현대희곡학교, 스페라) 극장의 관객 500명을 대상으로 실시되었다(МАСМИ, 2005).

07 볼쇼이극장의 티켓은 원칙적으로는 공식 매표소를 통해 구입하도록 되어 있으나 실제 판매는 전혀 다른 메커니즘 속에서 진행되어 왔다. 외국인 관객이 즐겨 찾는 대표적 극장이란 점이 주원인이기도 하지만 대부분의 좌석은 발매 전에 이미 암표시장으로 넘어가 비공식적으로 거래되는 실정이다. 특히 초연이나

유명 공연의 경우 그 폐해는 심각할 정도이며, 1990년대는 말할 것도 없거니와 2000년대에 들어와서도 정도의 차이이지 악순환은 되풀이되고 있다. 공식적인 티켓 가격이 이미 상당히 오른 상태임에도 내국인과 외국인 모두 더 비싼 값을 지불해야 하는 실정이며, 실제 이익은 암표상들의 손에 떨어지는 역설적 상황이 벌어지고 있다. 최근 인터넷 판매가 진행되면서 다른 루트가 개발됨에 따라 변화의 조짐이 나타나는데 이는 향후 관심을 갖고 지켜볼 일이다.

제5장

레프 도진의 '앙상블' 극장: 「형제자매들」을 중심으로

1. 20세기 연극과 새로운 극장

　서구연극사에서 20세기는 '연출가의 시대'라 일컬어진다. 극작가나 배우가 아닌 연출가가 연극의 중심에 놓인다는 것은 여러 측면의 변화를 내포하는데, 우선 연극의 중심이 텍스트에서 공연 전반으로, 드라마의 문학성보다는 극장주의적 연극성으로 옮겨갔음을 의미한다. '관습적 재현'으로서의 연극이 아닌 극작술과 극공간, 배우의 실존 등을 다루는 연극미학과 연극을 둘러싼 사회문화적 환경, 극장의 기능까지를 포함하는 연극성에 대한 새로운 모색은 연출가 연극의 시작과 함께 20세기 전반에 걸쳐 활발히 전개되어져 왔다. 그런 의미에서 20세기는 '전복의 연극사'라 불리기도 한다(김미혜, 2001: 428).
　특히 서유럽의 경우 제2차 세계 대전 전후로 예술의 사회적 역할에 대한 문제가 새로이 부각되는데, 서구연극사의 가장 큰 변화 가운데 하나로 극장의 사회적 역할에 대한 연출가들의 자각과 인식, '새로운' 극장에 대한 공감대 형성을 들 수 있다. 이는 이미 20세기 초부터 시작된 연극에서 관객의 중요성과 그 영향에 기인한 것으로, 전쟁 후 혼란스럽고 부조리한 상황에서 연극의 목적과 기능을 둘러싼 새로운 인식, 제도와 기관으로서 극장의 존재 의미에 대한 관심이 증폭되기 시작했음을 의미한다(윌슨, E. & 골드파브, A., 2000: 648~649). 여기서 새로운 극장은 '모두를 위한 극장(Theater for Everybody)', '대중/민중극장(Popular Theater)', '협동극장(Collaborative Theater)' 혹은 '앙상블극장(Ensemble Theater)' 등의 이름으로 등장했다.

연극을 통해 계급 장벽을 제거하고 대중으로 하여금 고전을 즐길 수 있는 힘을 주고자 노력한 프랑스 연출가 빌라르(J. Vilar)는 자신의 '대중극장' 개념에 어울리는 새로운 관객 창조를 미션으로 '모두를 위한 수준 높은 예술극장'을 꿈꾸었으며, 1951년 프랑스 국립극장(Theatre de National Populaire) 설립에 참여함으로써 그 이상을 실현한다. 빌라르와 동시대 인물인 이탈리아 연출가 스트렐러(J. Strehler)는 극장의 '공공적' 소명에 관심을 갖고 1946년 이탈리아 최초의 레퍼토리극장인 밀라노 피콜로극장(Piccolo theater di Milano)을 창립했으며, '대중을 위한 국가적 유산의 복원'이란 취지 아래 고전 작품의 상연을 통한 대중 계몽운동에 적극적이었다. 또한 독일 극작가이자 연출가인 브레히트(B. Brecht)는 극장을 관객들의 비판적 태도를 키우고 사회적 변혁을 꾀하는 장으로 간주하며, 1949년 베를린 앙상블(Berliner Ensemble)을 조직해 자신의 서사극 이념을 실천해 나갔다. 셰프초바(Shevtsova, 2005: 86)가 지적하듯이 전후에 폭발적으로 나타난 이 같은 새로운 극장운동은 극장의 반파시즘, 민주화와 맥락을 같이한다. 이에 1950~1960년대 서유럽에서는 정부지원 국공립극장의 설립과 함께 '연극공동체' 정신에 입각한 대중극장 혹은 앙상블극장의 이상을 그려낼 수 있었다.

예술에서 '앙상블'이란 여러 의미로 사용되는데, 공연의 경우 '배우나 무용수 혹은 연주자 등으로 구성된 모임이나 단체'를 일컫는다. 또한 음악에서는 복수에 의한 연주를 뜻하기도 하며, 흔히 함께, 동시에라는 표현에서 명사화된 어울림이나 조화, 통일을 의미하기도 한다. 여기서는 앙상블을 이 모든 것을 포괄하는 광의의 의미로 사용하며, 나아가 연출가와 배우, 스텝, 관객 모두가 함께하는 이상적 공연과 그에 대한 지향으로 파악한다. 이런 맥락에서 1980년대 이후 서구 연극계에서 앙상블 전통은 점차 퇴색하기 시작한다. 이는 1970년대 후반에 들어와 본격화된 세계경제의 침체로 인해 문화예술부문에 대한 정부 보조금이 대폭 삭감, 중단된 것에서 그 일차적 원인을 찾을 수 있다. 더불어 TV 및 영화를 비롯한 대중매체가 득세함에 따라 흔들리는 연극의 위상과 제도화된 극장의 역할 자체에 대한 문제도 포함한다. 영국의 경우 로열셰익스피어극단(Royal Shakespeare Company)을 세운 홀(P. Hall)과 국립극장의 초대 예술감독인 올리비에(L. Olivier)가 시도했던 앙상블의 이상적 모델은 대처 정부에 들어와 특정 공연을 위해 일정 시즌 배우들을 고용하는 제한적 레퍼토리극장의 형태로 변화되었다. 대처 정부의 정책하에 이전 사회주의적 방식의 지원구조가 체계적으로 정비되는 과정에서 극장에 주어졌던 지원금과 보조금의 삭감은 불가피한 것이었으며, 일련의 사태는 예술계 종사자들의 많은 반발을 불러일으켰다(Peacock, 1999: 2~10). 영국 배우 캘로우(S. Callow)는 이로써 끝없는 훈련과 팀워크를 기본으로 하는 앙상블 작업은 점점 힘들어졌으며, 비록 도넬란(D. Donnellan)의 칙바이자울

(Cheek by Jowl) 같은 축소된 성격의 앙상블 극단이 존재하긴 하나 "오늘날 영국에서 진정한 앙상블을 이루는 일은 상당히 요원해 보인다"고 말한다(Shevtsova, 2004: xii).

그런데 이처럼 서구에서 거의 사라진 듯 보이는 앙상블극장의 전통이 사회주의 관료제의 잔재와 체제 변화가 낳은 엄청난 혼란과 변화에도 불구하고, 러시아와 동유럽의 국가들에서 더 잘 보존되고 있다는 사실은 대단히 흥미롭다. 러시아의 경우 개혁·개방에 힘입어 이전 시기 거의 불가능했던 극단과 배우, 연출가들의 개인적 차원의 해외진출이 가능해지면서, 그동안 묻혀 있던 러시아 연극의 '힘'과 서구에서는 거의 사라진 '연극-집(театр-дом)', '연극-학교(театр-школа)'의 전통이 건재함을 서구 연극계에 알리게 되었다. 1980년대 후반부터 1990년대에 걸쳐 도진(Л. Додин)과 바실리예프(А. Васильев), 포멘코(П. Фоменко), 긴카스(К. Гинкас) 등으로 대표되는 일군의 연출가들이 해외 순회공연에 오르는 가운데, 도진과 그의 상트페테르부르그 말리드라마극장(Академический Малый драматический театр)은 해외진출의 선두에 서 있었다. 1990년대 초 스트렐러는 도진을 가리켜 자신의 라이벌이라 칭할 수 있는 현존하는 유일한 연출가라 표현했으며, 브룩(P. Brook)은 말리극단을 가리켜 '유럽에서 가장 뛰어난 앙상블'이라 칭한다. 이는 최고의 앙상블 극단이자, 파리의 오데온, 밀라노의 피콜로에 이어 1998년 세 번째로 '유럽극장(Theater of Europe)'의 칭호를 얻은 말리의 위상을 잘 드러낸다. 한편 이같은 도진의 활약은 1990년대 말리극단의 유럽 공연을 둘러싼 러시아 평론계의 냉소적 비판을 불러일으키는 가운데, 러시아에서 도진과 말리극장에 대한 객석의 반응은 2000년 「형제자매들」 15주년 기념공연을 전후로 커다란 변화를 보인다. 21세기에 들어와 말리극장은 러시아 평론계에서도 '최고의 극장'으로 자리매김되는 동시에 '연극계의 전설'이라 평해지는 「형제자매들」 20주년 기념 공연을 객석과의 완전한 앙상블을 성취한 것으로 평가된다.

이 글에서는 오늘날 세계연극계의 리더로 부상해 이 시대 연극의 의미와 극장의 존재방식에 대해 진지한 질문을 던지는 연출가 도진의 역할과 최고 앙상블로서 말리의 의미를 극단의 성장배경과 작업과정, 그리고 대표작 「형제자매들」 공연을 통해 살펴본다. 이는 앞서 언급한 브룩의 지적과 러시아 객석의 찬사에 답하는 과정이랄 수 있다. 또한 말리극단의 탄생과 관련해 먼저 살펴보게 될 앙상블 전통의 핵으로서 '연극-집', '연극-학교'의 기원과 그 역할에 대한 고찰은 서구연극계와 구별되는, 다른 발전사를 가진 러시아 극장문화의 저력과 가능성을 되짚는 작업이 될 것이다.

2. 말리극장과 앙상블: '연극-집', '연극-학교'

지적했다시피 도진과 말리극장은 1980년대 말부터 활성화되기 시작한 러시아 연극의 해외진출에서 주도적 위치에 서 있었다. 1988년 런던국제연극제(LIFT)와 글래스고우 메이페스트(Mayfest)에 「아침 하늘의 별들(Звёзды на утреннем небе)」을 선보인 이후 말리극단은 유럽과 북아메리카의 주요 도시들을 중심으로 본격적인 순회공연을 이어갔다. 초기 해외순회공연의 대표작들은 「아침 하늘의 별들」 이외에 「형제자매들(Братья и сестры)」, 「가우데아무스(Гаудеамус)」, 「악령(Бесы)」, 「벚꽃 동산(Вишнёвый сад)」으로, 이들 공연은 소비에트 러시아에 대한 각국의 '문화적 인식(cultural perception)'에 따라 다양한 반응을 불러 일으켰다. 「형제자매들」의 파리 공연에서 프랑스 비평가들은 객석을 긴장시키는 배우들의 뛰어난 연기를 격찬하며, 이 작품을 "소비에트 연극의 대대적인 수출의 하나"(Le monde, 22 September 1988)로 간주했다. 독일 평론은 관객의 뜨거운 반응을 "레닌그라드에서 온 형제자매들과의 연대의 표현"(Frankfurter Allgemeine Zeitung, 20 June 1989)으로 언급하는 다소 정치적 색채를 드러내기도 했다. 한편 영국 언론은 우선적으로 문화적 차이에 주목하면서 「아침 하늘의 별들」을 "개방의 문화적 징후"(The Financial Times, 11 May 1988), "잘 만들어진 열정적 공연"(The Independent, 5 May 1988), "아름다움과 추함, 낭만성과 속물성의 통렬한 병치"(The Guardian, 11 May 1988)라 평가했다(Shevtsova, 200: 24-26).

그림 5-1 도진의 말리드라마극장 입구. '유럽극장'이라는 칭호가 붙어 있다.

그런데 각국의 문화적 인식에 따른 다양한 반응에도 불구하고 관객과 비평가들이 공통적으로 열광하며 놀랐던 것은 서구 연극계와는 달리 여전히 유효한 '연극-집', '연극-학교' 전통에 기반을 둔 말리극단의 뛰어난 앙상블이라 할 수 있다. 1990년부터 매년 지속된 말리극단의 유럽 순회공연은 각국 언론의 다양한 정치적 반향과 문화적 취향에도 불구하고 '비범한 앙상블 연기', '견줄 데 없는 앙상블', '말리의 전설적인 앙상블 기술'이란 측면에서 공통점을 보인다. 도진과 함께 작업했던 캘로우는 말리극단의 첫 런던 공연에서 완전히 압도당했음을 고백한다: "나는 일찍이 그 같은 극단을 본 적이 없습니다. 현대 연극 무대에서 결코 비교할 수 없는 경험이었습니다. 그날 극장에 있었던 모두는 같은 마음이었지요. 〈…〉그것은 나의 훈련이 목표로 하는 전부, 즉 진정한 앙상블의 이상이었습니다"(Shevtsova, 2004: xi).

사실상 도진의 초기 유럽 순회공연에는 80여 명의 배우와 스텝들이 함께 하였으며, 특히 「형제자매들」의 경우 무려 40여 명이 배우로 참여했다. 연극 공연으로는 대규모라 할 수 있는 인원이 보여준 '연극-집'의 전통은 서구에서 거의 사라져 버린, '위대한' 연극에 목말라하는 그 곳 연극인들을 감동시키기에 충분했다. 말리극단의 팀 작업은 대단히 친밀한 관계 속에서 정밀하게 진행되며, 연출가와 배우, 각 분야 스텝들이 빠짐없이 순회공연에 참여해 최고 수준의 공연을 위해 애쓰고 있는 것으로 잘 알려져 있다. 스멜랸스키(Smeliansky, 1999: 187)는 말리의 방식을 "무대 위 배우를 위한 존재의 새로운 층위"로 간주하며, 도진이 오랜 기간 '함께 살이'가 가능한 공통의 신념을 가진 극단을 만들어왔음을 강조한다. 그렇다면 도진은 과연 이 같은 앙상블 극단을 어떻게 만들 수 있었을까? '연극-집'으로서 말리극단의 탄생은 어떤 사회문화적 배경 속에서 가능하였을까?

　러시아 연극사에서 앙상블극장과 '연극-집'의 전통은 두 남자, 스타니슬라프스키(К. Станиславский)와 네미로비치-단첸코(В. Немирович-Данченко)의 만남으로 거슬러 올라간다. 1897년 6월 22일 당시 모스크바 최고의 레스토랑인 슬라뱐스키 바자르(Славянский Базар)에서 오후 2시부터 다음날 오전 8시까지 이어진 둘의 대화는 '새로운' 극장에 대한 모색으로 진행되었다.[01] 극장의 행정조직에 휘둘리지 않고, 배우와 작가, 연출가의 조화로운 공동 작업을 존재 근거로 하는 앙상블극장에 대한 두 사람의 꿈은 다음 해 모스크바예술극장(MXAT)의 창립으로 이어졌다. 이른바 레퍼토리 중심의 앙상블극장을 표방한 예술극장은 "오래도록 함께하는 공동체 이상에 기반을 둔 관객과 공유하는 공동의 예술적 목표"(Benedetti, 1999: 254~255)를 표방했으며, '집', '가족'으로서 극장은 그 구성원들 간의 지속적인 상호 돌봄과 신뢰에 바탕을 둔 것이라 하겠다. 흥미롭게도 이 같은 '연극-집' 개념은 소비에트 시기를 통해 유지될 수 있었으며, 스타니슬라프스키의 앙상블 원칙은 해빙 이후 독특한 러시아 극장문화의 전통으로 자리 잡게 되었다.

　아이러니컬하게도 소비에트 체제에서 러시아 극장은 어떤 의미에서 보호받은 지역이었다. 러시아 연출가들은 사회주의 리얼리즘 원칙과 검열에 묶여 표현의 자유를 제한당한 반면 서구 연극인들의 가장 큰 난제라 할 수 있는 경제적 독립에서 상당 정도로 자유스러웠다. 따라서 레퍼토리 시스템이 잘 정착된 안정적 상황에서 '집'으로서 극장을 운영할 수 있었다. 소비에트 시기 진보적 극장을 표방한 소브레멘닉(Современник)

의 예술감독 예프레모프(O. Ефремов)는 자신의 제자들과 더불어 진정한 '집', 독특한 연극양식을 잘 살린 창의적 극장을 만들었으며, 1970년 므하트(MXAT)로 옮긴 후 본격적인 극장 개혁을 통해 희미해진 스타니슬라프스키의 앙상블 전통을 되살려 놓았다. 해빙 이후 '저항' 연극의 대부로 불리던 류비모프(Ю. Любимов) 역시 자신의 제자인 슈킨 드라마학교 학생들을 데리고 1964년 타간카극장(Театр на Таганке)을 만들었다. 이후 타간카는 독특한 스타일로 세계적 극장으로 알려지게 되었다. 또한 레닌그라드 볼쇼이드라마극장(Большой драматический театр)의 예술감독 토프스토노고프(Г. Товстоногов)는 소비에트 시스템에 '적응과 저항'을 반복하면서 자신만의 독특한 극장 스타일을 유지해 왔다. 개혁·개방 이후 므하트와 타간카가 내부 갈등으로 위기에 봉착한 반면 그는 자신의 극장을 지켜낼 수 있었다. 다른 한편 소비에트 시기 연극인들은 '연극-집' 전통하에서 국가뿐 아니라 그들 극장의 낡은 봉건적 시스템에 얽매이는 신세이기도 했다. 어느 누구도 오랜 기간 몸담은 극장을 자유로이 떠날 수 있는 '당연한' 권리를 갖지 못했으며, 극장을 잃을 수도 있다는 두려움과 극장 유지에 따른 위협은 연출가와 배우, 스텝 모두에게 치명적인 것이었다. 그러기에 진정한 자유를 꿈꾸는 연출가와 배우의 운명은 가혹할 수밖에 없었으며, 이는 그 시기 '연극-집' 전통이 유지될 수 있었던 또 다른 이유라 할 수 있다(Smeliansky, 1999: 74~141).

나아가 '연극-집' 개념은 러시아에서 극장의 위상 및 역할과 관련해 주목할 필요가 있다. 러시아 근대 예술의 다른 분야와 마찬가지로, 17세기 이후 서구 무대극의 도입이 본격화됨에 따라 러시아 연극은 급속도로 발전해 비교적 짧은 기간 동안 자신의 독특한 개성을 갖게 되었다. 보로프스키(Borovsky, 1999: 10~11)가 지적하듯이 이는 고대 러시아의 전통 민중극 영향 아래 러시아 극예술에 대한 지식인들의 문화적 이상과 대중의 취향이 만들어 낸 결과이다. 특히 19세기를 지나며 민족어의 계승과 발현을 그 중심에 둔 러시아 연극은 문학과 더불어 러시아인의 사고와 삶의 양식을 지배하는 가장 '진지한 예술 형식' 중 하나로 자리매김된다. 연극인들은 단지 예술의 영역 내에 머무는 것을 넘어 당대 정치, 경제, 사회적 문제를 붙들고 씨름했으며, 개화기 민중 교육과 계몽을 선도하는 비판적 지식인의 역할을 맡아야만 했다. 1917~1918년 겨울, 러시아를 여행한 미국 연극학자 세일러(O. Sayler)는 러시아 연극과 관객에 대한 단상을 다음과 같이 적고 있다: "러시아인들에게 극장은 소우주이자, 삶이 농축된 곳, 해석되는 장이다. 설명되어질 수 없는 삶, 그 불가해한 상황에 맞서는 곳이라 할 수 있다"(Borovsky, 1999: 10).

러시아 극장의 '위대한' 역할은 20세기에 들어와 더욱 강화된다. 소비에트 시기 문화와 정치의 긴장된 관계가 조성되는 가운데 극장은 인텔리겐치아 회합 장소이자 대중교육의 장이었다. 극장의 이 같은 기능을 간파한 스탈린은 대중선동과 교화의 수단으로 연극을 적극 활용하였다. 이 시기 예술이 정치에 종속되어 나타난 여러 부작용에도 불구하고 극장의 외적 팽창과 '예술의 대중화'를 위한 기반을 마련할 수 있었으며, 혁명 이전부터 마련되어 온 러시아 극장의 사회적 역할과 위상은 더욱 공고해졌다. 해빙과 더불어 러시아 연극은 공식 문화에 대한 저항과 전복의 힘을 내재한 비공식 문화의 전위대 역할을 담당해 왔다. 극장은 단지 공연을 즐기고 감상하는 장소적 성격을 넘어 대중을 교화하는 동시에 그들의 목소리를 대변하는 숨은 언론의 장, 나아가 마치 탄압받는 교회를 대신한 듯 일종의 '영적 장소'로까지 자리매김되었다. '연극-집'과 나란히 '연극-교회(театр-церковь)'의 비유는 이 같은 맥락에서 등장한 것으로, 스멜랸스키(Smeliansky, 1999: xx)는 이 시기 연출가와 배우는 "극장 종교의 지도자"이며, 관객은 무대를 통해 자신들의 삶을 이끌어줄 위대한 설교를 기대했음을 지적한다. 그러기에 연극계에서 포스트소비에트의 도래는 무엇보다도 러시아 연극과 극장의 사회적 역할과 위상에 대한 반문 위에서 소비에트 시기 막강한 영향력을 행사해온 초극장(супер-театр), 그 정신으로서 '연극-집', '연극-학교', '연극-교회' 개념의 위기를 내포하고 있다고 하겠다.

흥미롭게도 20세기 후반 러시아 연출가들 가운데 도진은 1980년대 초 마흔의 나이에 말리극장의 예술감독이 되기까지 자신의 극장, '집'을 갖지 못한 드문 경우였다. 그러나 오랜 기간 자기 극장을 갖지 못한 '가혹한' 운명은 도진으로 하여금 자신만의 독특한 앙상블극장을 구축할 수 있는 기회로 작용했다. 그는 학교에서 지속해 온 워크숍을 통해 자신의 연기술과 연출법을 발전시킬 수 있었으며, 그 과정에서 학교-극단으로 연계되는 말리극장의 미래를 그려낼 수 있었다. 학교수업과 극단연습 사이 상호작용의 중요성을 간파한 도진은 말리극장의 예술감독이 되어 둘 간의 연속성을 본격적으로 만들어 내며, 스타니슬라프스키가 내세웠던 '새로운' 극장의 이상을 결코 놓치지 않았다. 상업주의와의 혹독한 전쟁터인 포스트소비에트의 현실, '연극-집' 전통이 위기를 맞은 그 시점에서 도진은 새로운 형태의 '집'과 '가족'을 꾸리기 시작한 것이었다.

그런데 1990년대 해외 순회공연에서 보여준 외국 객석의 열렬한 호응과는 달리 러시아 관객들의 반응은 대단히 냉소적이었다. 유럽 무대에서의 성공이 오히려 국내 평론가들로 하여금 비판적 촉각을 곤두세우게 만들었으며, 무엇보다 일 년의 절반을 해외에서 공연하는 말리의 스케줄은 극단의 정체성에 대한 의문을 자아내기에 이르렀다. 초연 이후 약 십 년 만에 가진, 모스크바 첫 공연에 부친 연극평론가 크르이모바(Н. Крымова)의 질타는 당시 모스크바 객석의 반응을 잘 보여 준다.

> 말리극장이 '러시아 최고의 극장'이자 레프 도진이 '세계 제일의 연출가'라는 놀랄 만한 뉴스에 일견 반가울 수도 있지만 의문이 생기는 것 또한 어쩔 수가 없다. 대체 어떤 기자가 러시아 연극계 전체를 알고 있단 말인가? 도진을 제일이라고 한 목록에 과연 어떤 연출가들의 이름이 올라 있단 말인가? 오늘날 말리의 평판은 우리가 없는 그곳에서 만들어진 것일 뿐⋯.(Крымова, 1996).

도진의 홈그라운드인 상트페테르부르그의 반응 역시 별 차이를 보이지 않았다. 「페테르부르그 연극지」(Петербургский театральный журнал) 편집장 드미트례프스카야(Дмитревская, 1995: 37~41)가 보로딘의 시를 인용해 도진을 빗대는 표현은 모욕적일 정도다: "마치 우리는 다른 별의 주민 같군, 당신네 별에서 나는 살지 않지, 난 당신을 존경하나 〈…〉 그러나 난 다르게 살고 있으니." 혼돈의 시기, 외국 자본과 외국 관객에 기대어 러시아 연극을 '판다'는 '회의적' 인상은 도진의 예술성에 대한 평가와는 별개로 당시 러시아 객석을 채우고 있었다.

그런데 2000년 3월 「형제자매들」 15주년 기념공연은 한동안 도진과 말리에 가해진 러시아 연극계의 의문과 비판이 해소되는 전환점을 제공한다. 그동안 주로 지적되었던 '서정성의 부재'는 어느덧 '서사적인 것과 서정적인 것의 절묘한 조화'라는 평으로 대체되었으며, 도진의 공연은 심지어 '살아있는 고전'이란 극찬을 받기에 이른다. 이어지는 객석의 반응은 찬사를 넘어 경이롭기까지 하다.

> 러시아 극장의 모든 모히칸들 가운데 도진이 가장 행복한 운명인 듯하다. 물론 그 자신이 자기 행복의 대장장이다. 그는 동요하지 않은 채 지혜를 갖고 '연극-집'을 만들어왔다 〈…〉「형제자매들」(1985)과 「악령」(1991)을 다시 볼 수 있다는 가능성, 이것은 단지 즐거움을 넘어 거의 기적에 가까운 것이다. 러시아 무대의 전체적인 우울한 상황에도 불구하고 한 가지 우리가 분명하게 자부할 수 있는 것은 세계 최고의 극장(만약 극장이란 용어를 창작과 행정, 사회적 유기체로 파악한다면)이 지금 러시아에 존재하며, 그 극장이 바로 말리란 사실이다(Давыдова, 2004).

도진이 회고하듯이 1990년대는 러시아 연극인들이 이전과는 전혀 다른 환경에서 생존을 위해 분투해야 했던 고난의 시간이었다. 100여 명의 극장 대식구의 리더로서, 저녁 공연을 위해 끼니를 챙겨야 하는 절박한 상황에서 연중 6개월의 해외 순회공연은 '전략적' 선택이었는지 모른다. 언제나 그의 고민은 '어떻게 하면 뒤바뀐 상황에서 연극에 대한 신념과 '연극-집'의 전통을 지켜낼 수 있는가'로 모아졌기에, 러시아 객석의 따가운 시선을 의식할 여유조차 없었던 것이다. 15주년 기념공연을 기해 이루어진 러시아 객석과의 포옹은 20주년 기념 모스크바 공연(2005년 3월 19-

20)에서 연일 극장 앞 장사진을 이루는 진풍경으로 이어져 갔다. 이는 단지 공연에 대한 찬사를 넘어, 혼돈의 시기 공연을 통해 지켜온 '집/가족'으로서 말리의 삶, 그 속에서 자신들의 연극정신을 지켜 내고 새로운 '연극-집'의 모델을 구축해 가는 스승으로서 도진에 대한 존경과 응원의 메시지라 볼 수 있다. 일찍이 브룩이 지적했던 최고의 앙상블극장은 10여 년의 시차를 두고 러시아 객석과의 정신적 교감을 이루어냄으로써 스타니슬라프스키의 앙상블 이상에 한층 가깝게 다가섰다고 할 수 있다.

그렇다면 최고의 앙상블로서 말리의 핵심동력은 과연 무엇일까? 도진의 방법론과 말리의 작업과정은 어떤 특징을 지니는가?

3. 공동작업과 협업의 모험

오늘날 말리극장의 위상을 가능케 한 주요 동력은 연출가와 배우, 스텝들이 한데 어울려 진행하는 텍스트 읽기와 즉흥연기, 공동저작에 바탕을 둔 작업과정과 무대 상연까지의 전체 시스템 속에서 설명되어질 수 있다. 셰프초바(Shevtsova, 2005: 201)에 따르면 도진이 시도하는 배우 훈련은 단지 테크닉과 연습, 메소드의 차원을 넘어 마음과 신경체계의 훈련, 즉 느낌과 감각, 감수성 훈련까지를 포괄하는 '감성적 수용성(sensory receptivity)'의 연마를 목표로 한다. 스타니슬라프스키의 이상과 테크닉이 감정을 일깨운다는 관점을 유지하면서도, 도진은 배우의 '내면 깊은 곳에서 나오는 생동감'을 저해하는 요소인 기술과 메커니즘에 근거한 스타니슬라프스키식 연기론을 극복하고자 한다. 정신적 탐험과 영적 실체의 체험을 강조하는 도진 방식의 훈련에서 이 같은 생동감은 배우에게 가장 기본이면서도 필요한 것이라 할 수 있다. 왜냐면 도진에게 있어 앙상블의 창조는 배우와 배우, 나아가 관객과의 정신적 교감과 유대로 이어진 극장을 만드는 것이며, 훈련은 일정한 방법에 한계 지워지는 것이 아니라 배우와 배우 간의 심적 이해와 자극, 반응을 이끌어 내는 과정이기 때문이다. 도진 스스로가 일종의 '감염'이라 묘사한 이 과정을 통해 배우들은 자신의 마음을 흔드는 생각과 느낌을 몸으로 표현할 수 있게 된다(Dodin, 2005: 44~45).

배우들의 심성과 상상력을 일깨우는 이 같은 생동감은 일련의 작업 과정 속에서 만들어진다. 먼저 텍스트 읽기의 경우, 배우는 자신의 감정과 상상을 표현하기 위해 우선 크게 소리 내 읽는 것에서 출발한다. 도진의 학생이었으며 현재 극단 구성원으로 활약하고 있는 니키포로바(М. Никифорова)는 이러한 읽기가 감성을 일깨울 뿐 아니라 상상력과 몸짓, 움직임을 계발시키는데도 많은 영향을 준다고 말한다. 그녀의 회고에 따르면 도진의 셰익스피어 수업은 각자 맡은 희곡의 모든 대사를 일단 크게 읽는 것에서 시작된다. 이는 세계를 바라보는 주의력과 작은 것도 놓치지 않는 세밀함을 키우려는 목적으로, 그런 다음 학생들은 갑자기 역할을 바꾸어 대사 톤과 리듬을 다양하게 변화시키라는 주문을 받는다. 이 같은 읽기 과정은 배우로 하여금 자신의 역할을 넘어 상대 배우의 역할을 이해하고 타인의 행동에 직접 반응하는 연습으로, 일정한 상황에 대한 배우의 즉각적 반응을 자극함과 동시에 협동연습을 통한 앙상블의 정체성을 강화시키는 과정이랄 수 있다(Shevtsova, 2004: 41).

또한 텍스트 읽기는 무대 장면을 구상하는 동시에 비판적 태도로 그 장면을 검토하는 연습으로 이어진다. 배우들이 먼저 고안해 낸 다양한 장면들은 도진 앞에서 시연되는데, 여기서 도진은 일방적으로 지시를 내리기보다는 관찰하고 실험하며 그들과 더불어 허심탄회하게 의견을 주고받는 동료로서의 역할에 선다. 이는 배우들부터 장면에 대한 아이디어가 나올 때 좋은 공연을 만들 수 있다는 도진의 믿음에서 비롯된 것으로, 연출가 주도가 아닌 구성원들이 함께하는 작업의 근간을 이룬다. 「가우데아무스」에서 보그다노프와 도서관 사서가 피아노를 가운데 놓고 나누는 러브 신의 탄생은 성공적인 공동구상의 경우로 자주 언급된다: 애초 배우들은 피아노가 없는 상태의 다소 현실적 러브 신을 구상했다. 그러나 다음날 생각을 바꾸어 좀 더 '경쾌하고 편안한' 장면으로 가자는데 동의했고, 그 순간 누군가는 여배우가 피아노를 치는 장면을 제안했다. 이어 구상된 장면은 두 배우가 동시에 네 손으로 피아노 건반을 두드리는 모습으로 발전해 더욱 흥미로운 양상을 띠게 되었으나, 아직 모두를 만족시킬 단계는 아니었다. 바로 그때 도진은 다음과 같이 읊조렸다: "만약 자네들이 손가락이 아니라 발가락으로 할 수만 있다면 뭔가가 만들어질 텐데, 허나 불가능하겠지…." 얼마 뒤 배우들은 놀랍게도 발가락 연주를 실현해 냈다. 도진은 이 과정을 배우들의 신경체계를 자극함으로써 상황을 내면화해 그들 자신의 아이디어를 이끌어 내는 '성숙의 시간'이라 칭한다(Dodin, 2005: 89~90). 사실상 이 과정은 상당한 물리적 시간을 요하기에 여러 제약을 수반한다. 특히 '산문연극(Theater of Prose)'이라 일컬어지는 「형제자매들」이나 「악령」 같은 장편소설을 각색한 대작의 경우, 텍스트 읽기에만 할당된 시간이 얼마나 대단한지는 작업노트를 통해 짐작할 수 있다. 그럼에도 불구하고 도진은 그 시간을 통해 전 단원이

경험하는 '협업의 모험'이 향후 앙상블 작업의 발전을 위해 중요한 것임을 확신한다.[02]

여기서 진정한 앙상블의 특징으로서 연출가 도진의 역할을 새겨볼 필요가 있다. 앞서 지적했듯이 도진에게서 '연극-집'의 이상형은 '정신적 공동체'에 기반을 둔 것으로, 그는 진지한 공연이라면 반드시 함께 익히고 연구하는 분위기에서 탄생하는 것임을 끊임없이 강조한다. 셰프초바(Shevtsova, 2005: 202)는 연출가로서 도진의 주요 역할을 '촉매', 즉 배우로 하여금 자신이 연기하는 와중에 스스로를 발견하고 자신이 지닌 창의적 잠재력을 북돋우기 위해 자기 존재의 여러 층위를 끊임없이 파헤치도록 돕는 일종의 자극제에 비유한다. 도진이 강조하듯이 말리 훈련의 전체 시스템은 배우로 하여금 항상 자신이 살고 있는 동시대와 주변 환경 그리고 당면한 현실을 염두에 두면서 자신이 얻은 것을 타인과 나누는 삶을 목표로 하고 있다. 그러기에 연출가로서 도진은 '몸과 마음, 정신의 통합(mind-body-spirit fusion)'과 감성과 사고의 총체인 '내적 에너지'에 언제나 집중한다. 단지 기술과 기교의 습득을 넘어 정신적, 지적, 문화적 존재로서 진정한 배우가 되는 길을 제시한다. 이는 말리극단의 광범위한 작업과정의 궁극적 목표인 것이다. '촉매'로서 도진은 배우로 하여금 단지 텍스트의 수용자에 머물지 않고, '탄생의 여정'에 능동적으로 참여하는 공동저자, 공동연구자로 나가기를 자극한다.

> 저는 '가르친다'는 말을 별로 좋아하지 않습니다. 난 그저 그들이 스스로 깨우칠 수 있도록 가능성을 열어 놓을 뿐입니다. 내가 배우고 싶었고 배우고 싶은 것을 그들도 배울 수 있는 가능성을 〈...〉 그

러면 학생들은 내가 배웠던 것보다 더 많은 것을 알게 됩니다. 그래서 신세대들은 이전 세대보다 더 많은 것을 배울 수 있는 것입니다. 〈…〉 연출가는 단지 배우들을 도울 뿐이고, 배우 자신이 모든 것을 만들어 내는 것이죠(도진, 2006: 36).

말리의 공동작업이 더욱 빛을 발하는 곳은 리허설이다. 다른 연출가들과 달리 도진에게서 리허설은 아직 확정되지 않은 여전히 '진행 중인 과정'이자 연출가와 배우들이 자유로이 탐구하고 함께 배우는 '열린 지대', '자유의 공간'으로 일종의 스타니슬라프스키식 에튀드를 의미한다.[03] 말리의 배우 라브로프(Н. Лавров)는 도진이 리허설 결과나 배우들의 비판을 결코 두려워하지 않으며, 극단의 진정성은 상호 두려움 없이 수년간 지속되어 온 협업의 결과라 평가한다: "배우들은 비록 매우 긴 시간의 리허설을 통해 아무런 가시적 결과를 얻지 못한 경우라 하더라도 결코 그 시간이 낭비였다고 생각지 않습니다. 〈…〉 가장 최악의 경우는 연출가가 배우들의 비판을 두려워하는 것이지요"(Shevtsova, 2004: 56). 이는 리허설의 결과보다 과정을 더 중시하는 도진의 태도에서 분명해진다: "우리가 공연 전에 준비를 많이 하는 까닭은 진리에 도달하기 위해, 진리가 아니라면 최소한 그에 가까워지고 싶어서입니다. 배울 것이 너무 많아요. 삶과 문화, 역사, 자신에 대해 〈…〉 이런 작품들은 오래 갑니다. 저는 연극이 좋은 책과 마찬가지로 영원해야 한다는 확신을 갖고 있습니다"(도진, 2006: 35). 말리의 배우들은 당일 리허설에서 자신이 연기를 하든지 하지 않든지 언제나 모두가 전 리허설 과정에 참여한다. 또한 리허설은 무대기술자, 디자이너, 음악가, 안무가, 기획자, 번역가, 행정

담당 등 전 스텝들의 참여로도 유명하다. 이처럼 말리 리허설은 공연 안 팎의 구성원 모두가 어울려 만들어 내는 완전한 협업으로, 이 과정은 말리의 공동저작과 역동적 앙상블의 진수라 하겠다.

4. '연극계의 전설' 「형제자매들」

말리극장의 간판작 도진의 「형제자매들」은 20세기 러시아 작가 아브라모프(Ф. Абрамов)의 연작소설을 각색한 공연으로, 1985년 초연 이후 지금까지 서유럽을 비롯한 북미, 아시아에 걸친 해외 순회공연의 단골 레퍼토리로 잘 알려져 있다. 2006년 5월 서울의 LG아트센터에서도 상연된 이 작품은 장장 7시간 반에 걸친 공연 시간과 총 40여 명에 달하는 출연진의 규모만으로도 연극계를 떠들썩하게 했으며, '서사 연극', '이야기 연극' 양식으로 한국 객석에 '연극이란 무엇인가?'에 대한 진지한 성찰을 제기했다(김형기, 2006: 132~139). 1958년 잡지 『네바(Нева)』에 실린 「형제자매들」은 이후 「두 해 겨울과 세 해 여름(Две зимы и три лета)」(1968), 「길과 갈림길(Пути и перепутья)」(1973), 그리고 「집(Дом)」(1978)으로 이어지면서 총 4부작 장편소설로 엮어졌다. 도진은 1980년 4부 「집」을 먼저 무대화한 뒤이어 1부~3부에 해당하는 소설을 「형제자매들」이란 제목으로 상연할 수 있었다. 「집」과 더불어 1986년 소비에트 국가연극상을 수상한 이 작품은 말리극장의 발전사에 획을 긋는 대작으로, 이후 나온 작품들의 '매트릭스' 같은 역할을 담당한다(Shevtsova, 1997: 304).

1부 "만남과 이별", 2부 "길과 갈림길"로 구성된 연극 「형제자매들」은 독일과의 전쟁 막바지인 1941년 7월 시베리아 페카시노 마을의 어느 집단 농장을 배경으로, 전쟁의 소용돌이와 사회주의 체제의 모순하에 심한 고통에 처한 콜호스 구성원들의 혹독한 삶을 다룬다. 마을남자들이 참전함에 따라 거친 농장 일까지 도맡은 부녀자들, 국가를 위한 힘든 벌목 작업에 동원된 어린 청년들의 힘든 일상이 그려지는 가운데 소련의 승리로 무대는 잠시 축제분위기를 맞는다. 그러나 전쟁이 끝났음에도 콜호스의 생활은 더욱 궁핍해지고 인간관계는 점점 삭막해져 간다. 전체를 위한다는 명분 아래 치러진 개인의 비극이 다양한 각도에서 그려지는데, 주인공 미하일은 가족과 마을을 위해 바르바라와의 사랑을 포기하기를 강요받는다. 반면 콜호스 위원장 안피샤는 마을의 안정을 위한다는 명분으로 바르바라를 쫓아낸다. 또한 루카신은 농민들에게 정부의 곡물을 나누어 주었다는 이유로 체포되며, 리츠카는 "양심을 버리느니 차라리 죽는 것이 낫다"는 말을 남기며 모두가 거부하는 루카신의 구명을 위해 서명한다. 물질적 가난보다 믿음과 희망의 부재가 삶을 더 옥죄는 상황에서, 시대의 진실을 넘어 인간의 보편적 진실을 찾고자 하는 도진은 '산문연극'의 형식으로 삶의 본질과 진정성에 대해, 왜 살아야 하며 어떻게 살 것인지에 대한 실존적 질문을 제기한다.

이 공연의 앙상블적 특징은 우선 20년도 넘게 지속되어 온 말리 배우들의 면모에서 두드러진다. 앞서 1978년 「형제자매들」은 도진의 스승 카츠만(А. Кацман)의 수업에서 실습작으로 올려진 이후 계속 다듬어져 마침내 말리극장에서 초연(1985)을 맞는데, 당시 출연진의 대부분은 레닌그라드 연극원 졸업생들로서 도진의 제자이기도 했다. 학창시절부터 도진과 동고동락해 온 이들은 몇 명을 제외하곤 지금까지도 같은 배역을 맡고 있다. 페레스트로이카 이후 20여 년의 세월 동안 배우들은 배고픔과 절망감, 체첸 전쟁의 여파 등 온갖 고난을 겪는 와중에 극단 공동체를 통해 소중한 희망을 간직할 수 있었다. 도진은 그 시기를 지나면서 배우들이 놀랄 정도로 성숙해지고 단련되었음을 회고한다.[04] 도진의 시선에서 배우는 연기하고, 노래하고, 춤추고, 생각하고, 느끼고, 감정을 표현하는 등 모든 것을 제어할 수 있는 완벽한 장인을 지향한다. 끊임없이 배우고 다듬는 탐구정신으로 매일매일 연습을 통해 되풀이하는 작업과 현실의 무게를 견뎌 내는 과정, 그 길이 곧 예술가의 삶이자 살아 있는 앙상블의 핵심동력이랄 수 있다. 교사이자 연출가로서 도진은 학교교육과 극단 작업이 서로 영향을 주고받으며 시너지 효과를 낼 수 있는 과정을 지속적으로 모색해 오고 있다. 이는 교육과 연구, 극단 작업 간의 통합적 연계와 연출가와 배우, 스텝을 잇는 '공통의 예술적 혼'이 창조적 공연을 위한 최상의 조건이라는 원칙에 따른 것이다. 자타가 인정한 말리의 앙상블 파워는 스타니슬라프스키의 학교-극단 간 연계시스템의 적극적 실천에 있다고 하겠다.

「형제자매들」의 작업과정에서 장인 정신의 탐구는 거의 전 단원이 작품의 공간적 배경인 러시아 북부 여행에 나선 것에서 잘 묻어난다. 아브라모프의 고향이자 소설의 무대인 러시아 북부 아르한겔스크의 한 시골마을 베르콜라(Веркола)로의 체험수업! 말리극단의 베르콜라 여행은 이제 막 학교를 마친 도시 젊은이들이 집단 농장의 삶을 경험한다는 것 자체로 이미 파격적이었다. 이는 20세기 초 스타니슬라프스키가 고리키의 「밑바닥에서(На дне)」공연을 위해 므하트 단원들과 히트로프(Хитров) 시장통을 누비며 고단한 빈민가 생활을 익히고 연구했던 역사적 사건에 비유된다. 말리 단원들은 마을 주민과 함께 일하고 생활하는 가운데 작품 속 인물의 삶을 밀착 관찰하고 느끼며, 그들의 풍습과 언어, 몸짓, 표정을 익히는 3차원적 체험과정을 거친다. 더불어 원작자 아브라모프와의 직접적 만남과 정신적 교감을 통해 텍스트에 대한 이해를 더욱 확장시키게 된다.[05] 스타니슬라프스키가 주장했던 참된 연기의 바탕으로서 '내면적 진실의 이해와 체험'은 도진의 작업에서도 언제나 중심에 놓여 있다. 이는 배우들이 단지 텍스트를 통해 머리로 이해하는 것이 아니라, 삶의 체험을 통해 '공연을 위한 몸의 기억을 그려 내는 과정'이자 "연극적 제약(театральная условность)을 뛰어넘어 '삶 자체'를 재현하기 위한 노력"이랄 수 있다(Данилова, 2004). 마을 사람들과의 소통 과정은 그 지역 특유의 방언을 익히고 성별에 따른 빌음과 뉘앙스의 차이를 소화하는 중요한 시간으로, 그 효과는 무대 위 시골 아낙네들의 수다와 벌목공들의 투박한 발음과 억양에 실감나게 묻어난다.

   스튜디오 안팎을 통해 체화된 내적 에너지로 충만한 말리 배우들의 앙상블은 극의 시작에서부터 두드러진다. '형제자매들이여~'로 시작되는 스탈린 연설을 배경으로 막이 오르면 파종하는 아낙들의 군중 장면이 전개된다. 무려 30여 명의 배우들이 동시에 등장해 만들어 내는 코러스의 힘은 배우 앙상블의 대표적 예로 지적된다(Shevtsova, 1997: 306). 통나무를 엮어 만든 문으로 등장하는 러시아 시골 아낙들! 일제히 머리 수건에 앞치마를 두르고 힘차게 발을 굴리며 파종 노래를 부르는 그녀들이 내뿌리는 씨앗은 황금빛으로 쏟아져 내린다. 일견 아낙들의 수다로 소란스러운 듯 느껴지는 무대는 사랑하는 남편과 자식을 전쟁터에 내보낸 여인들의 대화, 흥겨운 민요와 아름다운 화음의 아카펠라 합창이 뒤섞이며 역동적이면서도 조화로운 파종 장면을 선보인다.

  이 같은 '코러스성'은 1부 1막 마지막에서 또한 잘 드러난다. 귀향한 병사 미닌을 환영하는 파티와 마을 축제 장면은 아낙들이 엮어 내는 코러스성과 더불어 긴장과 이완이 적절히 어울린 구성을 선보인다. 축제용 식탁을 차리기 위해 분주히 움직이는 사람들. 부녀자들이 음식과 술을 나르고, 꽃으로 식탁 장식을 하는 동안 남자들은 체스를 두거나 아코디언 반주에 맞춰 노래 부른다. 이어 사람들은 식탁 주변에 둘러앉아 전쟁 승리를 축하하고, 그동안 꿋꿋하게 농장과 마을을 지켜 온 여인들을 위한 건배가 이어진다. 러시아 시골의 소박하고 흥겨운 축제를 연상케 하는 이 광경은 도진 특유의 움직임과 고요함의 대비에 의한 리드미컬한 구성으로 돋보인다. 한편에서는 춤과 노래, 수다로 떠들썩한 분위기가 연출되는 반면 식탁 앞의 사람들은 주위의 소음에도 아랑곳없이 조용히 먹는 것에 집중하며 그 가운데 짧은 침묵을 조성해 낸다. 분주함과 한가로움, 수다와 침묵의 반복 구성은 장면 대 장면의 대비를 통해서도 엮어지는데, 1부 시작과 끝, 즉 아낙들의 파종 장면과 숲에서 휴식을 취하는 사람들의 광경은 서로 이질적인 것 – 여인들의 수다가 자아내는 소음과 숲의 상대적 고요함 – 이 어우러진 앙상블 효과를 잘 보여 준다. 이처럼 각기 다른 행동들이 일정한 템포를 형성하며 만들어 내는 코러스성과 장면 내부 혹은 장면 대 장면을 연결시키는 상호 이질적인 것, 대비되는 것의 조화는 고도의 치밀함으로 완성된 한편의 교향악을 연상케 한다. 셰프초바(2005: 205)는 이 같은 교향악적 특징을 '이음새 없는 구성(seamless composition)'이라 칭하며, 그 바탕에는 연극적 '한계'를 뛰어넘고자 하는 도진의 의지가 깃들어 있음을 지적한다.

도진의 미장센과 더불어 「형제자매들」의 교향악적 구성은 코체르긴 (Э. Кочергин)의 무대 디자인에 의해 더욱 탄력을 얻는다. 레닌그라드 연극원 시절부터 도진과 함께 공부하고 작업해 온 코체르긴은 이 작품의 무대를 위해 베르콜라 여행에 동참하였으며, 그 체험을 통해 러시아 북부지방의 상징인 통나무를 중심축으로 한(동시에 다양한 상징적 의미를 내포한) 무대장치를 고안해 낸다. 블랙의 텅 빈 무대 중앙에 매달린 통나무 뗏목은 스탈린의 연설을 담은 영상 스크린을 시작으로 아낙들의 등장을 여는 문으로 변한다. 이후 장면 전환에 따라 식탁과 의자, 벽으로 혹은 숲이나 쉼터, 또는 목욕탕 지붕, 곡물 운반 트럭, 미하일과 바르바라가 사랑을 나누는 헛간의 다락방으로 다채롭게 변화해 간다. 통나무 장치는 블랙의 단순한 공간을 무궁무진한 열린 공간으로 변형시키는 파라미터로 작용한다. 여기에 적절히 배치된 일상 도구들 – 러시아 시골 오두막의 한 벽면과 경사 지붕, 벽면 모퉁이를 채우고 있는 성모 이콘, 따뜻한 차를 끓이기 위한 사모바르, 한 쪽으로 쳐진 나무 울타리와 작은 다리, 콜호스의 일상을 잘 담아낸 농기구 등 – 은 빈 공간에 생명력을 불어넣어 무대를 생생한 삶의 현장으로 느끼게 만든다.

서로 이질적인 것의 대비와 조화를 통한 교향악적 울림은 일상성(세속적, 서사적)과 초월성(제의적, 서정적)이 한데 어울린 도진식 '산문연극'에서 더 강력하게 드러난다. 대표적 산문연극인 「형제자매들」은 일견 무거운 정치적, 역사적 이슈를 다루기에, 스토리 라인만 챙겨볼 경우 지루하게 느껴질 수도 있다. 그러나 도진은 삶의 심연을 꿰뚫는 특유의 '산문 정신'으로 당대 정치사회적 이슈를 개인의 삶을 통해 예리하게 파헤친다. 1부 시작, 막이 오르기 전 무대 한가운데 드리워진 통나무 스크린

그림 5-2 「형제자매들」 30주년 기념공연의 피날레. 도진과 배우들이 관객과 인사를 나누고 있다.

위로 전쟁의 참상을 담은 영상이 돌아가고 동시에 전쟁에의 동참과 지지를 호소하는 스탈린의 연설이 울려 퍼진다. "형제자매들이여, 단결해 주오!" 일종의 에피그라프를 암시하는 짧은 장면에 이어 통나무 스크린이 올라가면 무대 뒤쪽으로 늘어선 사람들의 무리가 눈에 들어온다. 마치 화면이 정지한 듯 미동도 않고 서 있는 사람들, 객석을 응시하며 가족의 귀환을 기다리는 그들의 모습은 과거의 한 시점을 연상케 한다. 그 순간 무대 양쪽으로 늘어선 통나무 문이 무대로부터 객석 앞부분을 치고 올라가면 뒤편에 늘어선 마을 사람들은 일제히 환호를 지르며 달려 나와 무대를 장악한다. 이어지는 파종 장면은 대단히 역동적이며 종교적(제의적) 색채를 띤다. 오랜 기다림의 시간을 보낸 아낙들이 팔을 휘두르며 내뿌리는 씨앗은 전사한 그들의 남편과 자식들을 상징하는데, 쏟아지는 황금빛을 배경으로 합창과 군무가 곁들인 이 역동적 장면은 일종의 부활의식을 연상케 한다. 전쟁 통에 살아남은 여인네들이 마치 해바라기 모양

제5장 레프 도진의 '앙상블' 극장: 「형제자매들」을 중심으로 175

의 원무를 그리며 드러누워 하늘을 응시하는 장면은 생명의 씨앗이 움트기를 갈망하는 염원의 표현이라 할 수 있다.

"장편소설을 위한 새로운 층위를 제공했다"(Smeliansky, 1999: 187)라고 평가되는 이 공연에서 역사적 맥락과 개인의 운명이 주고받는 긴장은 2부 전체를 아우른다. 1부와 마찬가지로 2부 역시 통나무 영상으로 시작되는데, 여기선 굶주림의 시기였던 1950년대 인기 코메디 영화「쿠바 카자크인들(Кубинские казаки)」의 수확 장면이 스크린을 채운다. 화면 위로 쏟아지는 '곡물의 바다', 미의 여왕으로 뽑힌 농촌 여인이 미소를 머금은 가운데 기록적인 수확을 기념하는 승리의 합창이 울려 퍼진다. 어느새 막이 오르면 혁명과 전쟁의 후유증에 시달린 마을 사람들이 천장에 걸린 스크린을 응시한다. 풍작을 기념하는 노래가 울리는 와중에 낟알의 물결이 죄수복을 걸친, 희비가 엇갈린 표정의 마을 사람들 위로 흘러내린다. '젖과 꿀이 흐르는 땅'의 쿠바인과 굶주린 페카시노 주민들이 묘한 대조를 보이는 가운데 이후의 이야기는 자신들이 믿었던 사회주의 낙원에 의한 배신과 집단 구성원들의 자기 파괴로 이어진다. 혁명과 전쟁이 소비에트 대중의 기대와 희망을 어떻게 왜곡하고 배신해 왔는지, 그 속에서 개인의 운명은 왜 그리도 기만당하기만 하는지, 그럼에도 삶에 대한 희망을 잃지 않는다는 것이 어떤 의미인지에 대한 질문들이 제기된다. 도진은 특정한 역사적 맥락 속 개인과 공동체의 운명을 교향악적 울림을 통해 시대를 뛰어넘는 보편적 문제로 승화시킨다.

이 작품에서 교향악적 구성이 엮어 내는 앙상블의 힘은 개인과 집단, 남자와 여자, 농촌과 도시의 이분법적 구도하에, 극적 갈등과 대립을 통해 그려지는 페카시노 마을의 운명에서 잘 발현된다. 혁명의 구호가 울리는 저편에 한숨짓는 여인들의 탄식과 기도가 공존하고, 이데올로기와 관습의 압박 아래 상처받은 영혼은 흐느끼나 동시에 일상의 살가운 만남 속 웃음의 폭발을 만끽하기도 한다. 개인의 욕망과 집단의 윤리 사이에서 마을 사람들은 잔인할 정도의 가혹함에 고통당하는 반면 자신을 희생함으로써 구원의 메시지를 던지기도 하는 것이다. 마지막 부분에서 억울하게 체포된 루카신, 대부분의 사람들이 그를 외면하는 가운데 리츠카는 "양심을 버리고 사느니 차라리 죽는 게 낫다"며 목숨을 담보로 그를 위해 서명한다. 상호 대립과 충돌에서 파생하는 에너지는 관객으로 하여금 그 모순과 갈등의 현장에 동참하게 만드는데, 여기서 관객은 감상을 넘어 '어떻게 살 것인가'라는 보다 실존적 질문에 직면한다. 이는 관객으로 하여금 자기성찰을 통해 '내적 자아'를 발견하게 하는 앙상블의 '감염' 과정이라 하겠다. '촉매'로서의 역할을 맡은 도진은 잘 짜인 무대언어로 깊이 느끼며 체험하기를 권한다. 단지 연민과 동정이 아닌 페카시노 마을의 아낙들과 사내들, 어머니와 죽은 남편, 그 아들과 '함께' 견디며 소통하기를 제시한다. 피날레에서 무대 뒤로 늘어선 마을 사람들, 그들 앞으로 빛이 쏟아져 내리는 가운데 새로운 시작의 가능성은 자연스레 객석으로 퍼져 나간다.

* * *

말리 앙상블의 동력은 '연극-집', '연극-학교' 개념의 토대를 닦은 스타니슬라프스키의 '새로운' 극장에 뿌리를 두고 있으며, 소비에트 시기를 통해 잘 구축된(그 부정적 효과에도 불구하고) 러시아 극장의 위상과 역할을 통해 커져갈 수 있었다. '좋은' 연극을 꿈꾸는 도진의 이상은 학교와 극단 간의 긴밀한 연계방식, 배우들의 '내적 에너지'와 '감성적 수용성'을 최대한 이끌어 내는 촉매로서의 역할, 끊임없는 연습과 훈련에 바탕을 둔 연극의 일상화, 공연 안팎의 구성원 모두가 함께 만드는 리허설 작업에서 잘 실현되고 있다. 이는 무대 공연을 통해 관객들의 동참과 진지한 자기성찰을 가능케 함으로써 연출가와 배우, 스텝, 나아가 관객과의 정신적 교감과 유대라는 진정한 앙상블의 이상과 맞닿아 있다.

「형제자매들」에서 제기된 일련의 문제들, 특히 '정치, 경제적으로 가혹한 시기에 개인적 가치와 집단 질서 사이에서 인간성과 신념을 지킨다는 것이 어떤 의미를 갖는가?'라는 의문은 결국 '고단한 삶에서 연극(예술)이란 무엇인가? 연극은 과연 무엇을 할 수 있는가?'라는 초시대적, 실천적 질문들로 확대된다. 도진과 말리의 앙상블 작업은 이 같은 질문에 '혼을 쏟은' 무대언어로 답하는 과정이자, 연극을 통해 관객이 자신을 돌아보고 진정한 자아를 발견하는 '연극-집'의 여정이랄 수 있다. 도진(2006: 9)의 표현처럼 "현대 예술가에게 주어진 가장 중요한 책임은 과거의 계승자로서의 열정과 미래에 대한 해답을 제시해야 한다는 고뇌 그리고 우리 시대 자식으로서 애정을 갖고 현재를 바라보는 것"이기에, 1985년 「형제자매들」의 초연에 즈음해 밝힌 이 같은 도진의 예술관은 20여 년이란 세월을 통해 변함없이 지켜져 오고 있다. 앞서 언급한 '유럽에서 가장 뛰어난 앙상블'이란 브룩의 찬사와 20주년 기념공연에서 장사진을 이룬 모스크바 관객들의 호응은 오늘날 예술의 의미와 연극의 존재 이유, 극장의 존재 방식을 나누는 소중한 소통이라 하겠다.

주석

01 여기서 새로운 극장이란 '모두가 접근 가능한 극장(общедоступный театр)'으로 표현되었다. 애초 오스트로프스키(Н. Островский) 방식의 민중극장(народный театр)을 염두에 두었던 스타니슬라프스키는 '민중'이란 단어가 지닌 제약을 고려해 더 포괄적 의미의 모든 사람, 즉 '대중'이란 단어를 선택하였다. 새로운 극장의 사명은 '높은 계몽성과 정신 함양의 가능성'을 갖고서 모든 계층에게 이성적 즐거움을 제공하는 것에 놓여 있다. 이 정신은 이후 러시아 연극사에서 '연극-집', '연극-학교' 전통을 마련하는 토대가 되었으며, 2차 대전 이후 서구에서 나타난 민중연극, 대중연극 운동의 이념과도 맞닿아 있다.

02 말리의 텍스트 읽기는 단지 대본을 소리 내어 읽으면서 습득하는 것을 넘어 원작 소설 자체에 대한 철저한 독서는 물론이거니와 작가가 소설을 집필하는 동안에 읽고 보았음 직한 모든 관련 자료를 섭렵하는 것으로까지 확장된다(Ogibina, 2005).

03 말리의 작업과정에서 에튀드는 항상 파트너와의 협동연습 속에서 진행되는데 그 과정에서 배우는 어떤 사건이나 상황에 대한 스스로의 지각력을 키우게 되거나 잇달아 발생하는 기억과 공포, 희망 등의 감정을 함께 탐색해 간다. 이 과정에서 배우와 파트너의 역할은 결코 미리 정해지거나 한쪽이 다른 쪽에게 여하한 지시를 내리는 것이 아니라, 그야말로 과정 전체가 '유기적'으로 엮어져 있다. 일반적으로 말리의 배우들은 한 작품을 준비할 때 자신이 직접 대화를 쓴 약 백 개 정도의 에튀드를 시연한다.

04 이 기간 동안 겪었던 도진과 말리 단원들의 고된 체험에 대해서는 모스크바 라디오 방송 Эхо Москвы 프로그램(Дифирамб: воскресениие, 09.11.2008)에서 가진 도진과의 인터뷰 참조: http://echo.msk.ru/programs/dithyramb/551496-echo.phtml(2009. 3. 25)

05 약 한 달간 지속된 여행은 그리 만만한 것이 아니었다. 실상 여행 초반부는 대단히 힘든 고행의 시간이었다. 도진의 회고에 따르면, 그 당시 베르콜라의 경제 상황은 지극히 어려운 상태였으며, 곤궁한 살림살이로 인해 마을 사람들의 인심 또한 후하지 못했다. 도착 직후 그들은 수도원을 빌려 자립으로 의식주를 해결해야 했으며, 이는 도시생활에 익숙한 젊은 단원들에게 상당한 고역이었다. 또한 아브라모프의 승낙하에 이루어진 방문이 아니었기에(처음에 아브라모프는 대규모 단원들이 마을을 방문하겠다는 제안을 받아들이지 않았다), 작가와의 조우노 얼마간의 긴장된 시간을 필요로 했다(Корнеева, 2005).

제6장

현대 러시아의 학문구조와 문화학의 등장

1. 학문장(場)의 재구성

　주지하다시피 고르바초프의 개혁·개방 정책은 지식 담론의 주 영역인 교육과 학문, 언론, 문화예술 전반에 걸친 심대한 지각변동을 동반하였다. 소비에트 해체와 동시에 맞닥뜨린 민주화와 시장화로의 요구, 그리고 동시대 세계적 흐름인 지구화의 여파는 이 같은 변동의 직간접적 원인으로, 포스트소비에트 시기 러시아 학문장의 변화는 다른 어느 국가나 사회에서보다 혼란스러운 가운데 다양하고 역동적인 모습을 띤다.
　학문 영역에서 포스트소비에트의 대표적 징후는 러시아 대학에서 오랫동안 굳어져 온 인문학과 사회과학 간의 기존 구도가 해체되는 것에서 우선 드러난다. 소비에트 시기 정치국이 실질적인 최고 국가기관이자 '정치가 모든 것을 지배한다'고 여겨 왔음에도 불구하고 역설적으로 정치학을 비롯한 사회과학은 학문의 주요 영역으로 자리매김되지 못했다. 물론 '국가학'이라는 형태를 띤 주로 정치경제학이나 이데올로기, 조직 등을 다루는 정치현상 전반에 대한 연구가 없었던 것은 아니지만, 서구식 학문장과 비교할 때 사회과학이 일정한 방법론과 이론에 의해 체계적으로 연구되거나, 교육되지 못했다는 것은 부인하기 힘들다. 이 시기 빈약한 사회과학의 위상은 당-국가가 권력을 독점함에 따라 학문의 다양성과 사회적 갈등의 토대가 사라진 상황에서 나온 당연한 결과라 할 수 있다. 그런 까닭에 사회주의 체제에서 통상적인 사회과학의 역할은 일정부분 문학과 역사학을 중심으로 한 인문학의 몫이기도 했다. 예를 들면 혁명의 정당성과 당파성, 사회주의 건설의 당위성, 역사의 발전과정과 필연성에 대한 해석 등은 '문학 · 역사 · 철학'으로 대표되는 인문학에서 다루어졌다. 인문학 또한 연구주제와 방법론에서 마르크스-레닌주의의 기본 틀을 유지해야 하는 한계를 지녔지만, '문학중심주의(литературоцентризм)'의 전통을 지닌 러시아 학문장에서 문학이 선도한 강한 인문주의는 소비에트 시기 인문학 '과잉'의 학문구조를 가능케 했다. 이는 포스트 소비에트 시기 전통적인 학문구조가 해체되고 재구성되는 가운데 인문학이 상대적으로 더 극적인 변화를 겪는 이유이기도 하다.

이렇듯 인문학과 사회과학 간의 무게중심이 바뀌어 가는 새로운 학문장에서 이전 체제의 속성상 크게 비중을 두지 않았던 분과학문들 – 즉 경제, 경영, 법과 같이 현실적 수요가 강한 영역뿐 아니라, 과거 주변부에 머물며 서구식 연구주제나 방법론과는 상당한 차이를 보였던 사회학과 심리학, 또한 분과학문으로 존재하지 못했던 정치학을 중심으로 하는 사회과학 – 은 일종의 '젊은 학문'[01]으로 주목받으며 재편되고 있다. 한편 인문학의 경우 사회전반에 걸친 급격한 변화(특히 시장화의 영향) 속에서 상대적으로 정체된 느낌을 주는 것은 사실이나, 탄탄한 전통을 배경으로 여전히 대학 교양교육의 핵심 영역으로 남아 있다. 또한 정치·사회 전반에 걸친 민주화의 진행 아래 연구대상이나 방법론에서 학문의 자율성과 다양성을 확보함에 따라, 인문학은 그동안 축적된 지식과 인적자원을 바탕으로 새로운 사회적 수요에 적극 대응해 나가고 있다. 특히 과거 인문학 담론의 주변부에 머물던 '문화학(культурология)'은 1990년대 중반 이후로 새로운 학문으로 주목받으며, 인문학을 넘어 분과학문 간 경계를 교차, 횡단하는 21세기형 통합학문으로 자리매김되고 있다. 이 같은 문화학의 등장은 그 발전 속도와 놀랄 만한 양적 규모의 확장, 그리고 학문의 정체성을 둘러싼 논란 등으로 인해 포스트소비에트 시기 러시아 학문장의 가장 '문제적' 이슈 가운데 하나로 파악된다.

이 글에서는 현대 러시아 학문구조의 재구성에서 유명세를 치르고 있는 문화학의 실상과 현주소를 그 등장배경과 발전과정, 그리고 문화학과 문학의 관계를 중심으로 살펴본다. 이는 러시아 학계뿐 아니라 전 세계적으로 문화연구/문화학을 둘러싼 과열 현상과 그 학문적 정체성에 대한 논란이 진행 중임을 고려할 때, 러시아에서 '생성 중인' 문화학이 자신의 전통과 유산을 바탕으로 새로운 사회적 요구에 어떻게 대응하며, 학문의 자기정체성을 어떻게 구축해가는지를 보여 주는 작업이 될 것이다.

2. 러시아(식) 문화학의 등장과 발전과정

서구의 경우 영미권의 문화연구(Cultural Studies) 혹은 독일의 문화학(Kulturwissenschaft)이 그 지역적 특성과 차이에도 불구하고 기존 분과학문 체계가 낳은 폐해를 비판하는 데서 출발한 반면, 러시아에서 문화학의 등장은 반소비에트 혹은 탈소비에트적 징후 속에서 시작된다. 소비에트 해체 직후 철학부와 역사학부의 마르크스주의/공산주의 관련 분과들이 '문화이론과 문화사', '문화철학' 전공들로 명칭을 바꾸면서 대학 내 문화 관련 학과들의 등장을 주도하게 된다. 일찍이 1990년 철학부 내 '세계문화사와 문화이론' 분과에서 문화학 전공을 개설한 모스크바대학교(МГУ)를 비롯해, 1990년대 전반에 걸쳐 소비에트 시기 비교적 독자적인 학풍을 지녔던 상트페테르부르그대학교(СПбГУ), 페트로자보드스크대학교(ПетрГУ), 로스토프대학교(РГУ) 등 전국의 주요 대학에서 문화학 관련 전공들이 기존 학과들을 대치하거나 신설되었다.[02] 또한 1991년 개교한 뒤 세계화를 표방해 '새로운' 대학으로 유명세를 떨친 러시아인문대

그림 6-1 모스크바국립대학교 본관. 18세기 대학자 로모노소프(М. Ломоносов)를 기린 동상이 중앙에 위치해 있다.

학교(РГГУ)는 이듬해 '문화사와 문화이론' 학과를 개설하면서 러시아 내 문화학 센터로서의 포부를 밝히기도 했다. 대부분의 대학에서 문화학 전공이 철학부에 소속되어 있는데 반해, 러시아인문대학교는 예술사학부에 문화사와 문화이론 분과를 두고 있다. 서구 대학들과의 교류가 활발한 이 대학은 서구 문화학의 현황과 더불어 문화학의 통합학문적 성격을 상당히 잘 운용하고 있는 곳으로 파악된다.

이와 나란히 소비에트 시기 교조적 학풍을 자아냈던 모스크바 학계를 떠나 지방과 해외에서 활동하던 문학/문화연구의 대가들, 즉 로트만(Ю. Лотман)을 위시해 토포로프(В. Топоров), 우스펜스키(Б. Успенский), 가스파로프(М. Л. Гаспаров), 이바노프(Вяч. Вс. Иванов), 크나베(Г. Кнабе) 등이 이 시기 '러시아(식) 문화학(Российская культурология)'[03]의 구축을 목표로 모스크바로 모여들었다. 특히 타르투(Тарту) 학파의 거두였던 노장 로트만의 귀환과 그의 저서를 비롯한 문화기호학 관련 서적의 출판 붐, 그리고 서구에 이어 러시아 학계에서도 불기 시작한 바흐친(М. Бахтин) 열풍은 러시아 내 인문학 구조와 연구방향이 전도되고 있음을 보여 준다. 1990년대를 통해 급격히 부각된 문화학의 출현과 그에 따른 증폭된 초기 관심은 학계에서 감지되는 반소비에트/탈소비에트의 압박 아래 태동되어 그 발전에 박차를 가하게 된다.

한편 신생학문 혹은 '젊은' 학문으로서 '문화학'의 존재는 1995년 러시아교육과학부 내 고등심사위원회(Высшая аттестационная комиссия)의 심의에 붙여진 이후 약 5년에 걸쳐 러시아 대학 구조조정의 핵을 차지하며 학위과정을 둘러싼 논란의 중심에 서게 된다. 2000년도 위원회에서 그 당시 현존했던 칸지다트학위 전공 587개 가운데 167개를 폐지한 결정은 학계에 큰 충격을 주었다. 이런 급격한 감소하에 문화학 학위의 존재 여부는 학계와 위원회의 초미의 관심사로 부각되었으며, 이 논의만을 위한 회의가 수차례 소집되기도 하였다. 마침내 문화학은 2000년 고등심사위원회의 심의를 통과해 학문의 영역뿐 아니라 대학 내 정식 학위과정으로 정착하게 되었다. 포스트소비에트 초기 정치사회적 혼란과 금융위기의 여파로 인해 대학 재정이 더욱 열악해진 상황에서, 일 년에 전국적으로 10편 이상의 칸지다트학위 논문이 배출되지 않는 전공의 감소는 당면한 현실이었다. 그런데 문화학의 경우 그 기간 동안 무려 1100여 편의 학위논문이 배출되는 아이러니컬한 상황이 전개되었으며, 문화학의 '알 수 없는' 혹은 '무분별한' 득세는 기존 학계의 저항을 낳기에 충분했다. "문화학 – 가짜 학문인가, 혹은 가짜가 아닌가? ⟨...⟩ 대체 누가 있지도 않은 그것을 배우고 싶어 한단 말인가!"(Филатова, 2000), "문화학이란 학문은 존재하지 않는다. 이것은 연구의 분야일 따름이지 학문이 아니다."(Медведев, 2000), "과연 '순수한' 학문으로서 문화학이 가능할 수 있을까?"(Тульчинский, 2011)에서 확인할 수 있듯이, 2000년 고등심사위원회의 결정은 학위과정은 물론이거니와 학문으로서의 정체성에 대한 보다 근본적인 회의를 불러일으키는 가운데 본격적인 담론의 장으로 옮겨간다.

2000년대 전반에 걸쳐 뜨거웠던 문화학 관련 논란의 핵심은 크게 두 가지로 요약해 볼 수 있다. 먼저 전문가와 연구자들의 자질에 대한 문제제기를 들 수 있다. 문화학의 출현을 모종의 '담합'으로 파악하는 필라토바(Филатова, 2000)는 혁명 이후 철학자와 역사가들이 맑시즘과 공산주의 사상의 교육자로 변한 것처럼 오늘날 그들은 다시 문화학 전문가로

부지런히 변신 중임을 신랄하게 지적한다. 툴친스키(Тульчинский, 2011)가 언급하듯이 이처럼 인문학자들이 재빨리 문화연구자의 능력을 얻고자 하는 것은 문화학이라는 돌파구를 통해 의식적이든 무의식적이든 헛되이 잃어버린 지난 시간과 작별하고 새로운 가능성을 포착하고자 하는 시대적 '트렌드'로 폄하된다. 나아가 이들의 비판은 단지 문화연구자로의 변신 자체를 문제 삼기보다는 근본적으로 철학적 인식과 문화학적 인식이 어떻게 구분되는지, 기존의 학문 영역에 문화철학과 문화사, 문화기호학, 문화인류학 등의 전공이 있음에도 별도의 문화연구를 위한 신생 학문이 왜 필요한지에 초점이 맞추어진다. 이 같은 질문은 자연스레 두 번째 문제제기라 할 수 있는 학문으로서 문화학의 정체성에 대한 논의와 연결된다. 문화학이란 무엇인가? 즉 문화학의 연구목적과 구체적인 연구대상은 무엇이며 어떠한 이론과 연구방법을 통해 그것을 성취할 수 있는가? 기존의 문화 관련 연구와 오늘날 별개의 전공으로 등장한 문화학 간의 경계는 어떻게 설정되는가?

문화학의 학문적 정체성에 대한 논란의 핵심은 우선적으로 '문화'라는 개념의 다의성과 광범위함에서 비롯된다. 일찍이 서구에서 문화 개념이 계몽이나 교양의 의미를 형성하면서 서구 문명을 정당화하는 목적에서 출발한 이래로, 문화는 서구 역사와 정신(특히 예술정신)의 우월성, 혹은 개별 국가의 민족성을 담보하는 일종의 이데올로기로 작용해 왔다. 20세기에 들어와 일상사와 심성사, 미시사 등의 연구가 진행됨에 따라 문화 개념은 점차 확대되기 시작한다. 이에 문화를 사회(정치적, 경제적, 사회환경적 상황)와 개인(심리적, 예술적 차원) 각각에 어떻게 방향 지우는가에 따라 연구방향은 다르게 진행된다. "공동체를 영위하는 인간이 인위적으로 생산해 낸 의미 있는 그물망"(E. 카시러), "동적인 것과 정적인 것 사이의 변증법적 통일성"(G. 짐멜), "사회 구성원인 인간이 획득한 것들(지식, 믿음, 예술, 도덕, 법, 관습) 모두를 포괄하는 복합체"(E. 테일러), "절대적인 유동성(완전한 자유)을 꿈꾸면서 제한성을 수용하는 것"(S. 그린블랫), "일상적인 삶의 총체적 방식"(R. 윌리엄스) 등등. 이처럼 복잡하고 다양한 문화의 정의는 개략적으로 1) 창조적, 예술적 노동, 2) 특정한 생활 방식, 3) 특정한 공동체에 전해지는 관습, 4) 창조하고 보존하는 활동의 결과로 분류된다(최문규, 2003: 26~38). 그런 까닭에 오늘날 문화학 혹은 문화연구는 문화를 규정하고 바라보는 관점에 따라 다양한 기존 학문영역에서 접근 가능한, 결코 통일된 방법론을 지시할 수 없는 일종의 지적 태도이자, 운동이며, '생성 중인 네트워크'라 하겠다. 이는 곧 제도권 학문으로서 문화학의 정체성을 둘러싼 논란이 불가피할 수밖에 없는 원인이기도 하다.

서구와 마찬가지로 이제 러시아에서도 문화학의 정체성을 둘러싼 본질적인 질문들이 제기되는 가운데, 지난 10년에 걸쳐 문화학은 학문으로서의 '정체성 만들기' 과정을 겪으며 대학 및 연구소의 새로운 학문영역으로 자리매김되고 있다. 2010년 기준으로 러시아 주요 도시의 약 100여 개 대학에서 문화학은 개별 학과 혹은 전공의 형태로, 학술원 소속 인문사회과학연구소와 연구센터 내 분과로 개설되고 있다. 학문의 특성상 통합학문으로서 문화학 교육과 연구는 철학과 역사학, 문학, 예술학, 사회학, 인류학, 언어학, 심리학 등 타 전공 분야들과의 긴밀한 협업 속에 진행 중이며, 대학과 연구소의 울타리를 넘나들며 폭넓은 연계망을 구축하고 있다. 또한 「세상의 나무(Arbor Mundi)」, 「문화학: 다이제스트

그림 6-2 라틴어로 된 중세 서사시와 드라마를 실은 문집 『이중 왕관(Двойной венец)』 표지. 러시아인문대학교(РГГУ)에서 펴낸 '세상의 나무(Arbor Mundi)' 시리즈 중 하나이다.

(Культурология: Дайджест)」, 「문화학의 제 문제(Вопросы культурологии)」, 「문화에서 자아와 타자(Своё и чужое в культуре)」」 등 문화연구 관련 전문학술지와 잡지들이 출판됨에 따라 연구방법과 주제, 이론을 둘러싼 심도 깊은 논의들이 진행 중이다.

포스트소비에트 시기 부각된 러시아(식) 문화학의 제도화 과정에서 드러난 일련의 특징은 다음과 같다. 문화학 전문가의 자질 여부와 학문적 정체성의 모호함을 둘러싼 비판에도 불구하고 우선 주목할 만한 것으로 문화학 관련 교과서 편찬 작업을 들 수 있다. 러시아 학계에서 교과서를 집필하는 작업은 제정 러시아에서부터 시작되어 소비에트 시기에 다져진 오랜 전통 가운데 하나로, 이 작업은 대학을 위시한 고등교육기관 교원들에게 부과된 일종의 당면과제이기도 했다. 사회주의 체제에서 특히 인문학과 사회과학은 연구주제나 방법론에서 항시 일정한 제약을 갖고 있었기에, 교과서의 변천은 학문구조의 변화와 방향을 드러내는 '의미심장한' 척도라 볼 수 있다. 예를 들어 토마셰프스키(Б. Томашевский)의 『문학이론. 시학(Теория литературы. Поэтика)』(1926)을 시작으로 80여 년의 쟁쟁한 전통을 배경으로 하는 러시아 문학이론 교과서들은 사회주의 리얼리즘 문예학의 발전과 그 내부 논쟁의 향방을 담은 흥미로운 역사적 자료로 평가된다(김철균, 2005: 9~11). 또한 그 집필 과정은 정치 이데올로기로부터 결코 자유롭지 못했던 당대 학자들의 시대적 고뇌와 문제의식이 응축된 지식문화의 장이라 하겠다. 사실상 어느 학문이든 교과서 집필은 해당 학문의 전 분야를 다루며 이를 '체계화'시켜야 하는 것이기에, 어떤 의미에서 특별한 글쓰기 영역으로 간주된다. 이는 학문의 주요 영역을 저자가 어떤 시각으로 개념화하는지, 각 영역들 간의 관계를 어떻게 설정하며, 어떠한 이론적 체계를 구축해 낼 것인가에 대한 질문과 함께 해당 분야의 전문 지식을 얻고자 하는 교육적 수요 또한 충족시켜야 하는 '문제적'(학술적 의미 + 교육적 의미) 현장이기에 더욱 그렇다. 소비에트 시기 주류 이데올로기에 과도하게 경도되어 온 인문/사회과학 분야의 교과서들을 상기할 때 학문에서 포스트소비에트의 도래는 교과서 편찬의 전환기이자 호황기로도 읽어낼 수 있다.

최근 10여 년간 호황 국면을 달리고 있는 문화학 관련 교과서 편찬은 다른 학문과 달리 각별한 의미를 갖는다. 등장 초기부터 학위과정의 허용 여부에 관한 논란과 학문의 정체성을 둘러싼 강도 높은 논박들은 역으로 문화학 교과서의 활발한 집필을 부추기는 결과를 가져왔다. 아르놀도프(А. Арнольдов)의 『문화학 입문 (Введение в культурологию)』(1993)을 시작으로 예신(Есин, 1999), 드라치(Драч, 1999), 크라프첸코(Кравченко, 2003), 랄루긴(Радугин, 2001), 구레비치(Гуревич, 2003) 등의 문화학 교과서 출판이 이어졌으며, 2000년대 들어와 대학이나 연구소에서 이미 자리 잡은 분과 단위의 협동작업도 두드러진다. 드라치가 학과장을 맡고 있는 로스토프대학교 문화이론 분과의 경우 1995년 『문화학

그림 6-3 『문화학』(Н. Багдасарьян) 교과서 표지 사진

(Культурология)』을 공동집필한 이후 2008년까지 무려 4차 개정판을 내놓으며 교과서 편찬 작업에 박차를 가하고 있다. 또한 플리예르(2002: 3~5)의 『문화학자들을 위한 문화학(Культурология для культурологов)』은 학위과정 허용 여부를 둘러싼 논의가 절정에 달했던 2000년을 기점으로 나온 전문연구자들을 위한 교과서란 측면에서 특히 관심을 끈다. 저자 서문에서 밝히고 있듯이 이 저서는 아이러니컬하게도 "문화학 논문을 쓰고자 하는, 그러나 기본적인 문화학 교육을 받지 못한" 학위과정 연구자들과 전문가들을 위해 씌어진 '상당히 남다른 교과서'인 셈이다. 역사학자의 눈으로 문화이론과 문화사회학을 조망하는 특별한 시도임을 고백하면서(동시에 문화학 전체를 아우르는 체계적인 방법론을 담아내지 못했음을 인정하면서), 저자는 그럼에도 불구하고 젊은 학자들로 하여금 학문으로서 문화학의 인식체계와 사회적 발전과정을 관통하는 지적 조류들, 문화학에 내재한 개념적-범주적 사고의 특수한 총체를 밝히고 구체적인 논문 작업에서 이 개념과 범주들을 활용할 수 있기를 기대한다. 플리예르의 이 같은 시도는 러시아(식) 문화학의 '정체성 만들기' 과정이 어떻게 진행되는가를 보여 주는 흥미로운 예라 하겠다. 2010년까지 『문화학 입문』, 『문화학』, 『문화이론』, 『문화사』 등의 제목으로 출판된 관련 교과서와 교재용 참고서는 거의 70여 종에 달하며, 그중 절반 이상은

최근 5년간 집필된 것으로 러시아에서 문화학의 열기가 어느 정도인지를 잘 보여 준다.

교재 편찬과 나란히 대학 내 문화학 관련 학과들에서 주력해 온 또 다른 공동 작업으로 전 러시아 대학에서 통용되는 학과 및 전공 혹은 코스 단위의 문화학 요람 집필을 들 수 있다. 수십 종의 관련 교과서가 나오는 가운데 공통의 교육지침을 담은 전국 단위의 공통 기준집이 만들어지는 상황은 예외적인 경우로, 러시아(식) 문화학이 당면한 요구(즉 학문의 정체성과 관련된 학계 내부의 요구와 대학의 정책적 요구)를 잘 보여 준다. 이 작업은 유럽 대학의 세기적인 제도개혁인 '볼로냐협약(Bologna Process)'의 결정을 러시아 대학들이 수용함에 따라 그 필요성이 더욱 가시화된다. 이 협약은 1999년 유럽 29개국 문화/교육부 장관들이 모여 유럽 대학의 교육 균일화를 목표로 맺은 선언이다. 즉 유럽 대학교육을 통합하려는 목표 아래 전통적인 유럽 교육제도에서 벗어나, 변화하는 시대에 맞는 학제개편 및 평가시험, 학점취득 방식을 통일시켜, 학위의 국제적 비교와 국가 간 인력 이동을 용이하게 하자는 내용을 담고 있다. 여기엔 터키, 스위스, 러시아 등 EU 이외의 국가도 참여해 2010년까지 개혁을 완료하기로 합의한 바 있다. 2005년 2월 러시아 교육과학부가 볼로냐협약의 원칙을 2010년까지 현실화하는 방안을 내놓음으로써 자국 내 학계에 큰 파장을 불러일으키는 상황에서, 문화학은 이러한 변화에 가장 민감하고 신속하게 반응한 대표적 영역이라 하겠다.

협약의 핵심 사안인 학제개편(학사·석사 과정이 통합된 형태에서 학사-석사-박사의 3단계로의 변화)의 경우 인문학의 전통적 분과들에서 강한 반발을 보인 반면, 신생 분과인 문화학에서의 반응은 보다 효율적 차원에서 이를 어떻게 현실화시키느냐에 더 비중을 둔 모습이다. 러시아 대학에서 볼로냐협약에 따른 여파는 이미 1990년대 후반부터 부분적으로 시작된 학제개편을 통해 본격화된다. 기존의 디플롬(диплом, 5년) 학위 제도에서 학사(бакалавриат, 4년) + 석사(магистратура, 2년) 제도로의 변화는 가장 중요한 사안들 가운데 하나로, 이를 둘러싼 공방은 여전히 많은 문제점을 안고 있다. 지난 10년간 기존 디플롬 학위인 전문사(специалитет)과정과 새로운 학위인 학사 + 석사 과정이 공존하는 가운데 점차적인 변화가 진행되어 왔다. 그러나 2010년을 기점으로 '글로벌 스탠다드'라는 명분 아래 대부분의 대학들에서 학·석사과정이 정착되었으며, 전공별 국가교육 표준안이 만들어지고 있다. 사실상 러시아 대학 내 전문사에서 학사로의 전환은 단지 제도적 변화를 넘어, 더 중요한 대학교육의 지향점을 둘러싼 문제를 제기한다. 즉 5년제 디플롬과정에서의 교육이 학습의 질적 효과에 무게를 둔 '대학교육에서 무엇을 가르쳐야 하는가?'라는 'Input' 지향이라면, 4년제 학사과정의 등장은 보다 현실적인 차원에서 '대학교육을 통해 학생들이 실제 무엇을 할 수 있는가?'라는 'Outcome' 지향으로의 전환을 의미한다(Митрофанов, 2003; Пронко, 2009 참조). 오랜 전통을 가진 기존 학과들의 교육담당자와 행정실무진이 개혁의 필요성과 불가피함을 충분히 고려하고 있음에도, 실제 진행과정에서 상당한 부작용과 차질을 빚고 있는데 비해, 문화학의 경우는 어떤 의미에서 이 협약의 실행에 힘입어 제도권 학문으로 정착하는 토대를 굳혔다고 볼 수 있다.

3. 러시아(식) 문화학과 문학의 접점들

문화연구 혹은 문화학이라 지칭되는 서구에서 문화 관련 학문의 등장은 많은 부분 포스트모더니즘의 시대적 조류와 디지털 매체 환경 아래, 위기에 봉착한 문학연구의 대안적 성격을 가진다. 그러기에 통합학문으로서 문화연구/문화학의 전개과정에서 문학은 다른 어느 학문보다도 민감하게 반응해 왔으며, 그 접점을 찾기 위한 적극적인 시도를 모색해 오고 있다. '문화'를 매개로 20세기 후반 문학연구가 당면한 내외적 위기와 동요를 극복하고자 하는 시도는 다양한 국면에서 전개되어 왔으며, 문화학 자체가 지닌 학문으로서의 모호한 정체성과 더불어 문학과 문화학의 관계는 오늘날 전세계적으로 그 한계와 가능성의 차원에서 인문학의 주요 담론을 만들어 내고 있다.

영미권에서 문화학은 다른 나라들에 비해 약 20~30년 앞선 1960년대 중반 영국 버밍햄대학교의 현대문화연구소(Center for Contemporary Cultural Studies)를 중심으로 시작된다. 이는 고급문화로서의 문학작품 '그 자체'에 대한 분석을 거부하고 삶의 다양한 문화적 현상을 '텍스트'로 읽어 내려는 문화연구 혹은 신역사주의(New Historicism)의 모습을 띤다. 무엇보다 전통적인 문화예술의 위계적 가치와 분과학문 중심의 담론을 비판하면서 그동안 배제되어 왔던 하위문화, 대중문화를 '기획적'으로 재평가하며, 문학의 존재성과 타자성에 대한 질문을 던지는 데서 출발한다. 여기서 '연구'라는 표현은 기존의 분과학문 구도를 넘어 각 분과를 가로지르는 연구방법 및 학문태도의 변화를 담고 있다. 예를 들어 이 변화 속에는 경전 중심의 텍스트 분석에 치중하는 것에서 벗어나 다양한 문화텍스트 안의 내재적 의미에 대한 연구(고급문화와 대중문화의 경계 해체, 다양한 텍스트의 넘나들기), 문학작품과 그 작품을 만들어 낸 사회문화적 맥락에 대한 연구 등이 자리 잡는다. 다양한 텍스트가 만들어지는 '의미화 과정(signification)'에 대한 분석은 기존 문학연구가 담아내지 못한 새로운 관점을 제시한다는 점에서 탈근대적 문학연구의 새로운 토픽으로 주목받는다. 그러나 동시에 하나의 방법에 대한 거부와 해체를 주장한 문화학적 관점에서의 문학연구가 미래에의 희망을 제시하기보다는 오히려 문학의 추락을 부추긴다는 문제점 또한 지적되고 있다(송승철, 1998: 40~56; 조규형: 1998, 57~79).

1980년대 이후로 가속화된 독일에서 문화학은 영미권의 문화연구를 의식하는 가운데 현실적 실천력을 결여한 인문학(독일식 '정신과학' Geisteswissenschaften) 전반에 걸친 위기의식과 반성의 탈출구로 제시된다. 여기서 문화학은 학문분과/전공별 과잉 전문화가 낳은 폐해를 극복하는 새로운 학문을 목표로, 자연과 역사, 인간에 대한 지식을 통합하는 학제간 연구의 형태를 띤다.[04] 이 지점에서 문학연구는 문화와 매체의 관계를 강조하는 '매체문화학', 즉 매체로서의 문화학으로 나아간다. 문화학적 방향설정이 그 연구대상인 문헌(텍스트) 중심 역할을 여전히 유지하는 범위 내에서 문학을 문화학으로 확장하려는 이 같은 시도는 학제간 연구의 기획 주제들('구술성과 문자성에 대하여', '번역의 문제', '문학의 학문사에 대하여' 등)을 내용으로 다룬다. 문화의 보존과 전달이 결국 매체에 의존할 수밖에 없다는 토대 위에서 이는 일반적인 기술 매체(영화, 텔레비전, 인터넷 등)를 넘어 인간의 지각, 느낌, 사유와 연관된 매체/형식을 역사적, 체계적으로 고찰하려는 관점이라 하겠다. 이와 관련해 문화란 지나간 것을 보존하고 기억하는 행위라는 '기억으로서의 문화학'적 고찰도 주목받고 있다. 전통적인 문화적 기억의 대표 매체인 문학텍스트가 개인적 기억의 재현을 넘어 사회역사적 의미를 함축한 변형과 창조의 산물이라는 관점에서, '지나간 것'은 새로운 문화적 기억의 대상으로 다루어진다. 이 같은 시각은 문학의 고유한 대상을 놓치지 않으면서 문학의 문화학적 확장을 꾀하는 새로운 학문적 경향으로 파악된다(최문규 외, 2003: 39~50).

이렇듯 서구 국가들에서 문화학의 등장은 그 차이와 한계, 제시된 다양한 가능성에도 불구하고 20세기 후반 분과학문의 한 영역이자, 문자매체의 한계에 직면한 문학이 문화학으로의 확장을 통해 '통합적 인간학'으로 거듭나려는 도전으로 볼 수 있다. 이는 서구뿐 아니라 전 세계적 현상으로 확산되는 중이며, 문학의 문화학적 확장이란 주제는 오늘날 한국의 학문장에서도 매우 중요한 토픽 가운데 하나이다.[05]

이와 달리 러시아(식) 문화학의 제도화 과정에서 나타난 문학과 문화학의 관계는 흥미롭게도 다른 상황 속에서 연출된다. 일찍이 러시아에서 문화담론의 주역은 작가와 문학비평가, 문예학자들의 몫이었다. 19세기 중반을 지나며 본격화된 러시아 문화의 정체성 논란의 핵심에는 벨린스키, 체르느이셰프스키, 호먀코프, 게르첸, 도스토예프스키, 톨스토이, 솔로비요프 등이 자리하고 있으며, 19세기 말과 20세기 초에 걸쳐 일어난 러시아 문예부흥은 제2의 문학 융성기인 '은세기(серебряный век)' 문화를 창출해 낸다. 근대 러시아에서 문학의 위상과 작가의 권위는 서구와 달리 강한 종교적 전통 아래 일종의 신비적 후광에 둘러싸인 진리의 계명과도 통하는 것이었다. 여기서 지식인-인텔리겐치아였던 작가는 자기희생과 고행을 고유의 자질로 받아들이며, '민중'에 대한 책무를 인식하고 동시대 거대 담론을 이끄는 '정신의 군주', 선견자로 각인되었다.

한편 소비에트 시기, 정치 이데올로기에 종속된 '사회주의 리얼리즘'의 창작원칙하에 공식문학은 많은 부분 계몽과 이데올로기 수단으로 전락하면서 그 권위는 상당 부분 실추된다. 반면 지하문학, 저항문학, 망명문학의 지류를 통해 형성된 '문학권력'이 전체주의 시스템에 맞선 비공식문화(반체제 문화)를 주도함에 따라 작가-인텔리겐치아의 위상과 영향력은 여전히 러시아 문화를 이끄는 중심에 위치한다. 러시아문화를 특징짓는 '문학중심주의'라는 용어에서 짐작할 수 있듯이, 지난 시기 러시아문학은 철학과 사회평론, 나아가 정치적 실천의 몫까지도 담당해야 했으며, 러시아 문화를 선도하는 장르로서 단지 예술의 영역 내에 머물지 못한 채 보편적, '종합적' 문화현상으로 국가의 모든 삶의 정점에 놓여 있었다. 이 같은 '문학 우위'에 대한 전 사회적인 모종의 동의는 학문구조에서도 잘 드러난다. 사회주의 시기 대학교육 및 연구에서 나타난 과도한 인문학, 특히 문학 편중 현상은 그 예로, 단적으로 말해 그 시기 철학자와 역사학자는 물론 심지어 과학자까지도 문학도였던 셈이다. 그러기에 학문장에서 포스트소비에트의 도래는 일정 부분 지난 시기 누려 왔던 문학의 권위와 문학중심주의의 해체를 의미하는 것이기도 하다.

이런 배경을 가진 러시아에서 문화학의 등장은 서구식 제도권 문학의 대안이라기보다는 오히려 문학이 선도했던 러시아 문화의 '파워'를 통해 새로운 학문을 모색하는 국가 차원의 의도적 '기획'으로 파악된다. 보임(Бойм, 2002: 32)의 지적에서 강조되듯이, 19세기 중반 이래로 러시아 고전문학을 기반으로 하는 '문화(Культура)'는 언제나 '대문자 단수형'로 이해되었으며, 민족적 자의식의 근원으로 인식되었다. 앞서 살펴보았듯이 학제로서 문화학은 그 유례를 찾기 힘들 정도로 빠른 성장을 보여 준다. 문화학의 제도화 과정에서 드러난 논란과 여러 문제적 정황에도 불구하고 급속한 제도적 정착의 배경에는 다름 아닌 '대문자 단수 문화'에 대한 러시아인들의 의식적 혹은 무의식적인 지지와 기대가 반영된 것으로 보인다.

러시아 학문장에서 문학과 문화학의 관계는 하드웨어 영역인 교육제도와 소프트웨어적 요소로서 교육내용/연구주제로 나누어 좀 더 면밀하게 살펴볼 필요가 있다. 전자의 경우 영미권과 독일, 또한 한국 대학들에서 어문학 분과 및 문학연구의 문화학적 전환을 둘러싼 다양한 양상의 학제적 구조조정이 진행되는 것과는 달리[06], 러시아 대학에서 문학 분과의 입지는 여전히 건재해 보인다. 기존의 문학 분과들이 존속함은 물론이고 2000년대에 들어와 신설 대학의 확산과 기존 대학들의 양적 팽창에 따른 문학전공(특히 국문학인 러시아문학과 서유럽문학) 교원에 대한 수요가 늘어남에 따라 러시아 대학 내 구조조정은 다른 양상을 띤다. 특히 문학의 '위기'를 운운함에도 불구하고 최근 10년에 걸쳐 모스크바대학교를 비롯한 주요 대학 어문학부의 교원 수 및 석·박사 학위수여자들이 증가하는 현상은 매우 흥미롭기까지 하다.[07] 사실상 문학과 문화학은 – 통합학문으로서 문화학의 특성상 문학을 비롯한 타 학문 분야와의 협업을 필요로 한다지만 – 학제적 측면에서는 별다른 접점을 갖지 못한다. 문화학이 개별 학과 및 전공으로 정착해 가는 상황에서 문학은 여전히 그 학문적 전통을 유지한 채 대학 내 기본 교양과목과 전공과목의 형태로 텍스트 읽기를 본질로 하는 '문학적인 것'의 커리큘럼을 고수하고 있다.

다른 한편 교육내용 및 연구주제에서 문학과 문화학은 상당한 접점을 갖는다. 서구와 마찬가지로 20세기 말 ~ 21세기 초에 걸쳐 러시아문학의 내외적 위기는 문학의 문화학적 확장이란 주제와 자연스레 연결된다. 금세기 초에 가열된 '문화'를 둘러싼 러시아 문학장에서의 일련의 논의들(특히 미국식 문화학을 주도해 가는 신역사주의를 둘러싼)은 문화학의 제도화 과정과 맞물리면서 학문으로서 문학의 위상이 많은 부분 동요하고 있음을 잘 보여 준다[08]: "오늘날 러시아에서 문헌학은 그의 이웃들이 사방에서 급습하여 옥죄고 괴롭히는 가운데 쇠락해 가는 제국의 처지에 놓여 있다. 〈...〉 다수의 문헌학 전문가들은 그 생각이 크든 적든 보다 큰 성공이 보장된 다른 영역들로 자발적 망명을 행하면서 노쇠한 국가를 배반한다: 주로 역사로, 정치로, 이데올로기로, 전기로, 일상으로…" (Зенкин, 2001), "최근의 지적 조류들 – 포스트마르크스주의, 포스트구조주의, 포스트모더니즘, 포스트묵시주의 – 을 어떻게 부르든지 간에 그들 뒤에는 거시사(большая история)와 급진이론, 독단적 관점에 대한 불신이 버티고 있다. 개별적 사안, 텍스트, 개인에 대한 관심이 부각되고 있다. 이전엔 단지 작가들만이 이것을 이해했다면 이제는 문헌학자들도 이해하고 있다. 수세기에 걸쳐 문헌학은 추상적 개념에 잡혀 있었다. 추상화를 피하면서 이제 문헌학은 자기 자신을 회피하고 있다"(Эткинд, 2001).

그러나 젠킨(Зенкин, 2001)이 잘 지적하듯이, 신역사주의로 대표되는 텍스트와 가치, 제도, 실천적 방식에 대한 고민을 담은 역사-문화적 연구는 결코 러시아에서 낯선 새로운 방법론이 아니라, 이미 소비에트 시기 일정한 계보를 형성하고 있는 러시아 문예학의 전통 속에 자리 잡고 있다. 철학과 역사학에 비해 이데올로기의 압박이 상대적으로 약했던 문학은 소비에트 시기 문화를 주도할 수 있었으며, 그러기에 "러시아에서 문화사 연구는 권력에 의해 심하게 짓눌린 역사학의 토대에서가 아닌 문헌학의 기반 위에서 발전해 왔다." 나아가 젠킨(2000: 161~190)은 문학과 문화의 관계뿐 아니라 언어학과 철학, 인류학, 역사학 등이 상호 교류하는 문화에 대한 통합적 연구가 이미 1970년대 소비에트 학계에서 새로운 학풍을 형성하고 있었음을 주장한다. 그런 관점에서 러시아(식) 문화학은 소비에트 학계의 문예학 전통과 내적 연관성을 갖는다고 하겠다. 여기서 문학과 문화학이 만나는 대표적 접점들로 바흐친의 '문화 철학(Философия культуры)'과 로트만의 '문화 시학(Поэтика культуры)'을 들 수 있다. 20세기 최고의 인문학자라 칭해지는 두 대가에게서 문학 텍스트는 사회적 가치와 콘텍스트를 통해 이미 문화와 연결되어 있으며, 오늘날 문화학의 근본 조건이랄 수 있는 사회성과 역사성 그리고 소통의 문제의식을 담은 '상징적 기호체계'라 할 수 있다.

대화이론과 철학적 인류학으로 널리 알려진 바흐친에게서 문학은 우선적으로 문화적 맥락을 전제로 한다. 러시아 형식주의의 협소한 전문성을 비판하는 동시에 문학을 사회개혁이나 변혁의 수단으로 도구화하는 마르크스주의 이론 또한 경계하는, 그러면서도 문학의 고유성(말과 언어)에 대한 관심을 놓치지 않는 바흐친의 작업에서 문예학은 문화사와 밀접한 관계를 맺으며, 텍스트는 항시 일정한 '이해의 콘텍스트(контекст понимания)' 속에서 호흡한다.[09] "문화에 대한 깊이 있는 해석과 괴리된 시대의 문학적 발전은 단지 문학적 경향들의 추상적이고 편협한 투쟁만을 낳을 뿐이다."(Бахтин, 1979: 330)라는 주장에서 드러나듯이, 문학은 문화의 분리될 수 없는 부분이자 동시대 문화의 총체적인 콘텍스트를 고려치 않고서는 결코 이해될 수 없는 것이다. '대 시간'의 '장거리 콘텍스트' 속에서 문화와 문학의 세계를 본질적으로 우주만큼이나 무한한 것으로 간주하는 바흐친에게서 문화는 끊임없이 생성되는 '역동적인 유기체', 현재 속에서 부단히 과거와 미래를 응시할 수 있는 영속적인 시간적 실체이며, 문학은 그 실체의 부분 속에서 전체를 품어 내는 열린 대화의 장인 셈이다. 프랑스 작가 라블레(F. Rabelais)에 대한 연구서『프랑수아 라블레의 작품과 중세 및 르네상스의 민중문화』는 문학과 문화에 대한 이 같은 관점이 가장 잘 드러난 것으로, 바흐친은 라블레가 풀어낸 중세/르네상스 시대 웃음의 문화를 통해 다양한 층위(작가, 독자, 텍스트, 콘텍스트 등)의 대화적 소통을 엮어 낸다(바흐찐, 2001: 723~726). '대화주의'와 '다성악', '타자성' 개념으로 정의될 수 있는 바흐친 문학론에서 텍스트는 사회적, 이데올로기적으로 이질적인 언어들(서로 낯선 의식들) 간의 상호 대화를 가능케 하는 소통 체계이다. 이는 궁극적으로 하나의 방향, 즉 인간 존재 현상에 대한 이해(나와 타자의 만남과 대화에서 생성되는 인간에 대한 총체적 사고를 위한 존재론적 질문들)로 귀결된다(조준래, 2001: 179~207).

한편 후기 로트만의 학문적 방향을 특징짓는 문화기호학에서 문학 텍스트는 그것을 산출한 사회적, 역사적 맥락과 맺는 상호연관성의 체계로 파악된다. 여기서 텍스트는 문화적 의미의 축전지인 동시에 발전기이며, 그 축적된 의미는 문화적 기억 내에서 성장하고, 복잡한 텍스트 생산 메커니즘을 통해 소통된다. 이는 문학을 문화라는 맥락 속에서 사유해야 하는 구조를 밝힌 것으로 형식주의자들이 매달렸던 문학(성)에 대한 내재적 연구를 넘어 문학의 외부를 동시에 아우르고자 한 일종의 문화론적 전환을 의미한다. 로트만에게서 문학은 그 자체로 닫힌 내적 체계로서가 아니라 외부로 최대한으로 확장된 '문화적 사실'로 간주된다. 그런데 로트만 초기 문예학에서 후기 문화기호학으로의 전환이 일종의 진화(이전 단계에서 다음 단계로의)가 아닌 문학연구에 대한 일관된 문제의식에서 나온 것이라는 점은 특히 흥미롭다. 즉 문학에서 문화로의 확장이 문학 텍스트에 대한 고유의 방법론을 포기하는 것이 아니라 문예학적 방법론을 더욱 심화시킴으로서 마련된 것이라는 점이다. 나아가 이 같은 심화의 극단은 문화적 혹은 비문화적 시공간을 관통하는 개인의 삶을 텍스트로 읽어 내려는 '행위 시학(поэтика поведения)'으로 명명된다. 이 지점에서 개인의 구체적인, 일상적 행위들은 특정한 문화체계가 실현된 것으로, 그 속에서 작동하는 문학적 플롯을 통해 의미 지워진다. 결국 로트만에게서 문학(적 플롯)은 인간의 행위를 의미화하기 위한 강력한 수단으로 기능하며, 이러한 관점에서 문화란 집단(혹은 개인)의 정체성이자 그 안에서 살아가는 개인들(주체들)에게 선택 가능한 행동 유형을 제시하고 강제하는 '금지와 규정의 특정 체계'로 파악된다. 더 나아가 진정한 창조는 그 체계를 위반하려는 주체의 내적 욕구에 따른 어떤 우연적, '예측 불가능한' 요소를 통해 완성되는 것으로, 여기서 로트만의 문화기호학은 인간학으로서의 가능성을 열어 제친다(김수환, 2005: 103~133; 변현태, 2006: 281~309).

이렇듯 바흐친과 로트만으로 대표되는 러시아 문예학의 전통에서 문학은 역사-문화적 맥락을 전제로, 대화와 소통의 체계로서 궁극적으로 인간에 대한 총체적 사고를 도모하는 인간학으로 나간다. 여기서 질문을 다소 바꾸어 볼 수 있다. 학문으로서 문예학(литературоведение)이란 무엇인가? 초기 형식주의 이후 사회적, 역사-문화적 맥락과 괴리된 문학 연구가 러시아에서 가능한 적이 있었던가? 20세기 말의 저명한 문예학자이자 문화학자로 평가받는 예신(Есин, 2002: 252)은 러시아에서 문예학은 항시 다른 학문 – 사회학, 문화사, 기호학, 철학 등 – 에 봉사해 왔음을 강조하면서, "잊힌 듯하면서도 문예학자들을 집요하게 따라다니는 질문, 즉 문예학의 독자적인 연구대상은 과연 있는가? 인문학적 지식체계에서 문예학은 어떤 위치를 차지하는가?"라는 질문을 상기시킨다. 이들 질문은 즉각적 대답보다 다음과 같은 문제적 과제들로 이어진다. 러시아에서 문화학의 등장에 앞서 문예학이 이미 통합학문으로서의 역할을 하고 있었던 것은 아닌가! 그런 연유로 문화학이 새로운 통합학문으로 부각되는 지금이야말로 문화학과 교차하는, 문예학의 고유성과 특수성에 대해 진지하게 고민해야 하지 않을까!

* * *

최근 10년간 전례 없는 속도로 진행된 러시아(식) 문화학의 제도화 과정은 현대 러시아 학문장의 재구성에서 대학교육이 당면한 실상과 문제점 그리고 러시아적 특수성을 잘 보여 준다. 이 과정은 문화학이 대학 내 학문분과로 자리 잡았음에도 여전히 학문으로서의 정체성이 모호함을 드러내는 반증이기도 하다. 이는 우선 '문화'라는 개념 자체가 지닌 극도의 광범위함으로 인해 그 연구대상과 방법론에서 다양한 시각들이 난무

하며 충돌하기 때문이다(서구 문화학에서의 논란 역시 이 같은 문화 개념의 다의성과 그에 부합하는 이론 및 연구방법의 다양성에 기인하듯이). 또한 기존 분과학문 구도를 넘어 통합학문을 표방하는 가운데 문화학 스스로가 분과학문으로 자리 잡는 아이러니 역시 그 학문적 정체성을 흐리는 주요 요인으로 작용한다. 한편 이 과정은 서구와 달리 '문학중심주의'의 전통과 '대문자 단수문화'에 대한 전 사회적 합의를 기반으로 하는, 마치 국가차원의 의도적 '기획'을 연상케 만든다. 특히 문학의 문화학적 확장이란 과제를 통해 잘 드러나듯이, 러시아(식) 문화학의 등장에서 문학과 문화의 관계는 '문학에서 문화로'(막다른 골목에 처한 문학의 대안적 구호로서의 문화)라기보다는 러시아의 학문적 전통 속에 이미 자리한 '문학과 문화의 대화적 소통'(문화적 맥락을 전제로 하는 인간에 대한 총체적 이해로서의 문학)으로 파악된다. 그러기에 러시아(식) 문화학의 제도화 과정과 향후 전개는 다른 어느 나라보다도 문화연구 관련 과열 현상을 낳고 있는 우리의 학문장에 일정한 시사점을 제공해 줄 수 있을 것이다.

한 가지 더하자면, 그 현상의 혼미함에도 불구하고 문화학은 이제 결코 외면할 수 없는, 종래의 분과학문과는 다른 당면한 새로운 분야임에 틀림없어 보인다. 뵈메(2009: 277~278)가 주장하듯이 문화학은 "모든 학문에 내재해 있는 복합성의 상승과정을 나타내는 하나의 암호"이자 무엇보다 '삶과 유리된' 학문의 전문화를 극복하려는 동력에서 비롯된 '통합 지식의 전망'으로 자리매김되고 있다. 학제간 연구, 특정 주제를 통한 국제화/보편화, 획일성에서 다양성으로의 전환 등을 특징으로 하는 문화학은 어쩌면 지금까지의 분과학문 틀에서 설명되어 온 연구대상과 방법론으로는 결코 해결되기 힘든 '생성 중인' 영역이라 하겠다. 흥미롭게도 학문으로서 문화학의 딜레마인 그 개념의 광범위함과 불명료함은 다름 아닌 21세기 문화학이 출발하는 토대 중 하나이지 않을까! '문화학, 어떻게 할 것인가?' 더불어 '문학과 문화학의 관계는 어떤 양상으로 전개될 것인가?'라는 질문은 우리 시대 학문장에 던져진 대단히 난해하면서도 도전적인 과제라 하겠다.

주석

01 현대 러시아에서 부각되고 있는 이들 학문은 새로움을 강조하는 '신학문'이라기보다 학문의 연력이 오래되지 않았음을 나타내는 '젊은 학문'이라는 표현으로 더 자주 일컬어진다.

02 다닐레프스키(А. Данилевский), 스트루베(В. Струбе), 베셀로프스키(А. Веселовский), 지르문스키(В. Жирмунский) 등 대표 인문학자들의 명성을 내세운 상트페테르부르그대학교는 이미 1980년대 말에 만들어진 문화이론 분과를 1990년부터 문화철학 분과로 개명한 뒤, 1997년부터는 문화학과를 개설해 전 러시아 대학 내 문화학의 개척자임을 공표한다. 도스토예프스키와 바흐친 연구의 중심지임을 고집하는 페트로자보드스크대학교 또한 1992년 '문화들의 대화(диалог культур)'와 지역 정체성의 연구주제를 내세우며 문화학 분과를 개설하였다. 그리고 바르샤바제국대학에 뿌리를 둔 로스토프대는 고대 문화사와 철학의 대가인 보브로프(Е. Бобров)의 이름을 내세우며 문화이론의 중심지임을 표명한다.

03 러시아어에는 영어 'Russian'으로 번역되는 두 가지 형태의 형용사가 있다. 흔히 러시아인, 러시아 민족을 뜻하는 '루스키(русский)'와 러시아 국가나 행정 등과 관련된 '로시스키(российский)'가 그것이다. 후자는 연방제 형태를 띤 러시아 국가를 지칭하는 것으로 러시아 연방의 한 구성원인 러시아 민족 또한 포괄하는 외연성을 지닌다. 따라서 러시아 문화(Русская культура)와 달리 러시아식 문화학(Российская культурология)은 이미 새로운 학문의 출발을 함축하는 표현이라 하겠다. 물론 러시아 문화학이 자연스러우나, 여기서는 그 의미를 살려 '러시아(식)'이라 적기로 한다.

04 독일 학계에서 정신과학의 현대적 대안으로 등장한 문화학은 경제, 기술, 자연과학을 포함한 '문화 전체'에 대한 반성에서 출발해 자연과 역사, 세계에 대한 지식을 '인간학화'하는 목표를 갖는다(뵈메 외, 2009: 31-35).

05 한국의 경우 1990년대 후반 이후 몰아친 신자유주의의 여파는 전통적 지식생산의 장인 대학에서의 구조조정으로 본격화되면서 이른바 '인문학의 위기' 현상으로 이어진다. 대학의 교과목에서부터 문학연구의 주제와 방법, 비평 등에 걸쳐 나타난 '문화' 특수 현상은 문화학적 전환을 통해 문학의 외연을 확장시키는 반면, 오히려 문학의 자기파괴를 초래하고 있다는 극단적 반응을 낳고 있다(최문규, 2009: 85-100).

06 서구에서 문화학이 인문학의 확장 차원에서 수용되는 것과는 달리 한국의 경우는 오히려 '인문학 죽이기'라는 결과를 낳고 있다. 1990년대 말 한국 대학에서 학부제 모델이 도입된 이후 어문학을 중심으로 하는 문학전공 학과들은 대표적인 비인기학과로 전락하면서 그 입지가 크게 동요한다. 작가와 텍스트 중심의 문학 강의가 점차 주변부로 밀려나는 대신에 학문의 실용성과 문화적 교양인 양성에 치중한 지역학적, 문화학적 경향을 띤 강의들이 대폭 늘어난다. 이에 분과학문에 기반을 둔 문학전공 학과들은 부분적으로 학과 이름의 개명 혹은 교양학부로의 통합 심지어 학과 폐지 등의 상황에 놓여 있다(이동연, 2003: 84-101; 최문규, 2009: 85-87).

07 물론 소연방 해체 이후 가중된 러시아 대학 전반의 위기(특히 재정적)로 인해 1990년대는 학문 활동의 침체기이기도 했으나, 2000년대 들어서면서 상황은 서서히 회복된다. 푸틴 정권 초기 발표된 대학개혁안에 따라 2003년 이후로 대학 교원의 임금이 파격적으로 인상되는 동시에 인문예술 분야 교원수 또한 꾸준히 증가하는 추세다. 모스크바대의 경우 어문학부의 교원 수는 학과별 평균 2배 이

상 증가했고, 석·박사학위 수여자(2008년부터 석사와 박사로 구분) 역시 증가하고 있다.

08 1992년에 창간된 『새 문학평론 (Новое литературное обозрение)』은 문학을 넘어 인문학 전반의 담론을 다루는 대표적인 이론적 논의의 장으로 현대 러시아 내 가장 권위 있는 문예지로 평가된다. 이 문예지의 2001년 첫 호(47)는 "신역사주의에 대한 논의들"을 특집으로 마련해 러시아에서도 불기 시작한 '문학의 문화화'에 대한 주제를 다루고 있다(http://magazines.russ.ru/nlo/2001/47).

09 바흐친은 자신의 마지막 원고 『인문학의 방법론에 부쳐(К методологии гуманитарных наук)』(1974)에서 '이해의 콘텍스트'를 언급하면서 '소 시간(малое время)'과 '대 시간(большое время)'에 따른 '근거리 콘텍스트(близкий контекст)'와 '장거리 콘텍스트(далёкий контекст)'로 구분시킨다. 여기서 예술작품은 동시에 서로 다른 문화적 배경인 상이한 콘텍스트를 취할 수 있는데, 문학은 "단 하나의 의미도 사라지지 않는, 끝없고 완성되지 않은 대화"인 '대 시간'의 맥락 속에서 고찰되어야 한다(Бахтин, 1979b: 371-372).

참고문헌

권정임 (2001). "포스트모던과 유희."『러시아어문학연구논집』, 9, 287-310.

그로이스, 보리스 (1995).『아방가르드와 현대성』. 문예마당.

김미혜 외 (2001).『20세기 전반기 유럽의 연출가들』. 연극과 인간.

김성일 (2001). "러시아 망명문학 연구: 제1차 흐름을 중심으로."『노어노문학』, 13-2, 335-344.

김수환 (2005). "텍스트 이론에서 문화 시학으로."『러시아어문학연구논집』, 18, 103-134.

김, 아나톨리 (1996). "전환기의 러시아 연극(1985-1994)."『외국문학 1』, 37-54.

김철균 (2005). "러시아 문학이론 교과서 변천 소사."『러시아어문학연구논집』, 19, 9-31.

김형기 (2006). "이야기연극, 성찰의 연극 -《형제자매들》."『연극평론』, 가을 22, 132-139.

네미로비치 단첸코, 블라지미르 (2000).『모스크바 예술극단의 회상』. 권세호 역. 서울: 연극과 인간.

도진, 레프 (2006).「형제자매들 2부작」: LG아트센터 팜플렛. 서울: LG아트센터.

리오타르, 장 (1992).『포스트모던적 조건』. 이현복 역. 서울: 서광사.

뮐러, 하랄트 (1999).『문명의 공존』. 이영희 역. 서울: 푸른숲.

바르니에, 쟝-피에르 (1999). 『문화의 세계화』. 주형일 역. 한울.

바흐찐, 미하일 (2001). 『프랑수아 라블레의 작품과 중세 및 르네상스의 민중문화』. 이덕형·최건영 역. 서울: 아카넷.

변현태 (2006). "문학에서 문화로, 문화에서 문학으로: 로트만의 문화기호학의 문예학적 의의." 『러시아어문학연구논집』, 22, 281-309.

보드리야르, 장 (2001). 『시뮬라시옹』. 하태환 역. 민음사.

뵈메, 하르트무트 외 (2009). 『문화학이란 무엇인가?』. 손동현·이상엽 역. 서울: 성균관대학교 출판부.

부르디외, 삐에르 (1995). "장들의 몇 가지 특성." 『혼돈을 일으키는 과학』. 문경자 역. 서울: 솔.

송승철 (1998). "문화연구-징후와 해답의 갈림길." 『현대 비평과 이론』, 8-2, 40-56.

스타니슬라프스키 (1999). 『스타니슬라프스키의 삶과 예술』. 김태훈 편역. 태학사.

신범식 (1999). "현대 러시아 이념과 정치과정에 나타난 '서양'과 '동양'의 문제." 『슬라브학보』, 14-2, 397-398.

우샤꼬프, A. (1998). "역사의 분기점에 선 러시아문학 - 90년대 문학의 진행과정에서 잃은것과 얻은 것." 『러시아문학』, 9, 44-50.

윌슨, Edwin & 골드파브, Alvin (1999). 『세계연극사』. 김동욱 역. 서울: 한신문화사.

이덕형 (1999). "무산구조의 자생적 조직화: 러시아 세기말 산문의 독법." 『노어노문학』, 11-2, 605-633.

_____ (2001). 『천년의 울림』. 서울: 성균관대학교출판부.

이동연 (2003). "문학연구의 대안적 지식생산을 위한 질문." 『문화/과학』, 여름 34, 84-101.

이주영 (2001). "뾰뜨르 포멘꼬-러시아의 연출가들1." 『한국연극』, 8, 98-101.

이진아 (2000). "도스토예프스키의 죄와 벌을 통해서 본 장편소설의 무대화에 대한 문제."『한국연극연구』, 3, 195-230.

_____ (2004). "세계화시대 러시아 연극의 명암."『연극포럼』, 12, 166-167.

이항재 (1998). "개혁-개방 이후 러시아 '여성소설' 연구."『러시아 문학』, 9, 25-43.

전정옥 (2006a). "오스트로프스키. 지루하거나, 정말 지루하거나."『한국연극』, 5, 124-129.

전정옥 (2006b). "60년대 outsider와 90년대 academy."『한국연극』, 6, 106-113.

젠킨 (2000). "1970년대 소비에트 학계에서 이루어진 문화의 고찰."『현대러시아 문화세미나』. 서울: 미크로.

조규형 (1998). "신역사주의: 조망과 전망."『현대 비평과 이론』, 8-2, 57-79.

조유선 (2002). "문학작품에 나타난 러시아 정교문화: '소보르노스찌'와 19세기 러시아문학."『슬라브학보』 17-1, 111-147.

_____ (2003). "포스트소비에트 문화와 '위기'의 문학."『러시아어문학연구논집』, 14, 193-228.

_____ (2005). "포스트소비에트 산문에 나타난 작가의 초상."『러시아어문학연구논집』, 18, 279-301.

_____ (2006a). "포스트소비에트 연극과 도스토예프스끼 - 고전의 무대화를 중심으로."『러시아어문학연구논집』, 22, 343-373.

_____ (2006b). "포스트소비에트 공연문화의 변화상: 연극을 중심으로."『슬라브학보』, 21-3, 239-270.

_____ (2009). "러시아 극장문화와 레프 도진의 '앙상블' 극장:『형제자매들』을 중심으로."『슬라브학보』, 24-2, 183-209.

_____ (2011). "현대 러시아의 학문구조와 문화학의 등장."『러시아어문학연구논집』, 37, 131-157.

조준래 (2001). "바흐친 미학의 문화철학적 함의."『세계문학비교연구』, 5, 179-207.

_____ (2006). "출판·비평과 문학의 다성화: 러시아문학에서 문학중심주의의 개념과 문학장의 변화를 중심으로."『동유럽연구』, 16, 113-132.

지라르, 르네 (1997).『소설의 이론』. 김윤식 역. 삼영사.

쯔베또프, 게오르기 편역 (1997).『러시아 현대소설선집 1』. 서울: 열린책들

차긴, A. (1998). "문학에서 새로운 것(문학의 새로운 현상): 전통의 교차로에 선 시문학."『러시아문학』, 9, 51-52.

최문규 외 (2003).『기억과 망각 - 문학과 문화학의 교차점』. 서울: 책세상.

최문규 (2009). "문학과 문화학 - 그 한계와 가능성."『건지인문학』, 2.

뻬뜨루셰프스까야, 류드밀라 외(2003).『러시아 현대희곡 1』. 이주영 역. 서울: 열린책들.

함영준 (1996). "도스또옙스끼와 연극: 《까라마조프의 형제들》의 경우."『노어노문학』, 8, 452-455.

헌팅턴, 새뮤얼 (1997).『문명의 충돌』. 이희재 역. 김영사.

Архангельский, А. (1998). "Где сходились концы с концами." *Дружба народов*, 7. М.

Арнольдов, А. (1993). *Введение в культурологию*. М.: НАКиОЦ.

Бахтин, М. (1979а). *Проблемы поэтики Достоевского*. М.: Советская Россия.

_____ (1979b). *Эстетика словесного творчества*. М.: Искусство.

Бердяев, Н. (1990). *Истоки и смысл русского коммунизма*. М.: Наука

Бобринская, Е. (1994). *Концептуализм*. М.

Бойм, С. (2002). *Общие места — мифология повседневной жизни*. М.

Большев, А. (1996). *Русская литература 1970—1990-х гг*. СПб.

Воробьева, А. (2001). *Современная русская литература: Проза. 1970—1990-е годы*. Самара.

Герцен, А. (1956). *Собр. соч. В 30 т. Т.7*. М.

Гроссман, Л. (1924). *Путь Достоевского*. Л.

Громова, М. (2003). *Русская современная драматургия*. М.: Наука.

Громова, М. (2005). *Русская драматургия конца XX — начала XXI века*. М.: Наука.

Гуревич, П. (2003). *Культурология*. М.: Проект.

Гюнтер, Х. (1992). "Художественный авангард и социалистический реализм." *Вопросы литературы*, 3. 161—175.

Давыдова, М. (2004). "Такие больше не растут." *Известия*, 30 июня. (http://www.mdt-dodin.ru/russian/press/theat2.htm, 2009.02.20).

Давыдова М. (2006). "Если Бог есть, то все позволено." *Известия*, 28 марта.

Данилова, А. (2004) "Взлет над бездной отчаяния", (http://www.utro.ru/articles/2004/06/08/316592.shtml, 2009.02.20.).

Дмитриевский, В. (2000). *Социальное функционирование театра и проблемы современной культурной политики*. М.: Гос. инст. искусствознания.

Дмитриевская, М. (1995). "Другой театр." *Петербургский театральный журнал*, 7. 37—41.

Достоевский, Ф. (1986). *Пол. собр. соч. В 30-х т. Т.29, Кн.1*. Л.

Достоевский, Ф. (1987). *О русской литературе*. М.: Современник.

Достоевский и театр (1983). Сбор. ст./Общ. ред. Нинова. Л.: Искусство.

Драч, Г. В. и др. (1999). *Учебный курс по культурологии*. Ростов-н/Д: Феникс.

Ерофеев, Виктор (1990). "Поминки по советской литературе." *Литературная газета*, 4 Июля, 27.

Есин, С. (1997). *Культура и власть*. М.

Есин, А. (1999). *Введение в культурологию*. М.: Академия.

_____ (2002). *Литературоведение. Культурология: избранные труды*. М.: Флинта.

Заславский, Г. (1999). "МХАТ: Время перемен" *Независимая газета*, 3 июля. (http://www.zaslavsky.ru/text/mhat/htm, 2006.05.10.).

_____ (2000). "Пятнадцать лет 'Братьям и сестрам'." *Независимая газета*, 7 марта. (http://www.zaslavsky.ru/rez/mdt01.htm, 2009.02.15.).

_____ (2002). "Пришла ли пора закрывать театры?" *Русский журнал*에서 재인용. (http://old.www.russ.ru/culture/20020118_zas-pr.html, 2006.05.15.).

_____ (2003a). "Покупают российское." *Коммерсантъ*. 12 сентября.

_____ (2003b). "Если русский театр погибнет, кто будет в этом виноват." *Культура и власть*. (http://www.zaslavsky.ru/vlast/1810_teatr.htm, 2006.05.15.).

Зенкин, С. (2001). "Филологическая иллюзия и её будущность." *НЛО*, 47. М. (http://magazines.russ.ru/nlo/2001/47/zenkin.html, 2011.03.25.).

Зинцов, О. (2001). "Мы ставим все время один спектакль." *Ведомости*, 12 ноября. (http://www.smotr.ru/inter/inter_dod_ved.htm 2009.01.20.).

Иванов, Вя. (1916). "Достоевский и роман-трагедия." *Борозды и межи*. М.

Игошева, Т. (2002). *Современная русская литература*. Великий Новгород.

Казарина, Т. (2000). *Современная отечественная проза*. Самара.

Канунникова, И. (2003). *Русская драматургия XX века*. М.: Наука.

Капустин, М. (2003). *Культура и власть*. М.

Корнеева, И. (2005). "'Братья и сестры' двадцать лет спустя." Российская газета—федеральный выпуск 3723 от 18 марта. (http://www.rg.ru/2005/03/18/dodin.html, 2009.01.20.).

Кравченко, А. (2003). *Культурология*. М.: Академический проект.

Курицин, В. (1992). "Постмодернизм: новая первобытная культура." *Новый мир*, 2. М.

_____ (1998). "Концептуализм и соц—арт: тела и ностальгии." *НЛО*, 30. М.

_____ (2001). *"Русский литературный постмодернизм."* М.: ОГИ

Лейдерман Н., Липовецкий М. (1992). "Жизнь после смерти, или новые сведения о реализме." *Новый мир*, 7. М.

_____ (2001). *Современная русская литература в 3-х т. Книга 3: В конце века (1986—1990-е годы)*. М.

Липовецкий, М. (1991). "Забудем слово 'реализм'?" *Литературная газета*, 4 декабря. М.

_____ (1997). *Русский постмодернизм. Очерки исторический поэтики*. Екатеринбург.

_____ (1998). "Паралогия русского постмодернизма." *НЛО*, 30. М.

Луначарский, А. (1970). "Достоевский как художник и мыслитель." *Литературное наследство*. М.

Любимов, Б. (1981). *О сценичности произведений Достоевского*. М.

Маканин, В. (2003). *Андеграунд, или Герой нашего времени*. М.: Вагриус.

Маяцкий, М. (2010). "Болонская реформа образования: плюсы и минусы глазами Маяцкого." *Ставропольская правда*, 13 февраля. (http://www.stapravda.

ru/20100213/bolonskaya_reforma_obrazovaniya_plyusy_i_minusy_glazami_mayatskogo_42776.html, 2011.03.30.).

Медведев, А. (2000). "Без заголовка." Сегодня, 6 сентября. (http://www.segodnya.ru/w3s.nsf/Archive/2000_128_life_vrez_noname_medvedev.html 2011.03.20.).

Митрофанов, С. (2003). "Плюсы и минусы болонского процесса." *Русский журнал*, 7 апреля. (http:// old. russ. ru/ ist_sovr/ sumerki/20030407_mitr.html 2011.03.25.).

Михаилов, О. (1995). *Литература русского зарубежья*. М.

Немзер, А. (1998). "Когда? Где? Кто?" *Новый мир*, 10. М.

"Новый зритель и новые ожидания."(2002) *Современная драматургия*, 2. (http://smotr.ru/press/sd/sd_2_2002_rub/htm, 2006.06.20.).

Пахомова, Н. (1998). "Театр в социальном пространстве." *Театральная жизнь: Взаимосвязи во времени и пространстве*. СПб.

Павлов, М. (1999). "Generation 'П' или 'П' forever?" *Знамя*, 12. М.

Пелевин, В. (2001). *Generation 'П'*. М.: Вагриус.

Пронко, Ю. (2009). "Плюсы и минусы болонского процесса для России(Финам FM)." (http://portal.gersen.ru/content/view/855/74/ 2011.03.30.).

Пьецух, В. (1998). "Новая московская школа." *Новый мир*, 1. М.

Радугин, А. (2001). *Культурология*. М.: Центр.

Розанов, В. (1995). *О писательстве и писателях. Собр. соч.* М.

Розов, В. и др. (2002). "Открытое письмо Предиденту России В. В. Путину." *Литературная газета*, 2(5863).
(http://www.lgz.ru/archives/html_arch/lg022002/Polosy/art9_4.htm,

2006.05.15.).

Россия в цифрах 2004: Крат. стат. сб. (2004). Под глав. ред. В. Л. Соколин. М.

Руссские писатели 20 века. Биографический словарь (2000). Главн. ред. и сост. П. А. Николаев. М.

Рябинянц, Н. (1977). *Проблемы русской классики на современной сцене (Спектакли по Достоевскому 1950—1070-х гг.).* Л.

Сагатовский, В. (1994). *Русская идея: продолжится ли прерванный путь?* С.-П.

Скоропанова, И. (2002). *Русская постмодернистская литература*. М.: Наука.

Смелянский, А. (1981). *Наши собеседники*. М.: Искусство.

_____ (1985). "Из Пекашинской летописи." *Советская культура*, 23 июля. (http://www.mdt-dodin.ru/russian/press/br_sist1.htm, 2009.01.30.)

_____ (1987). "Растущий смысл: Проблема режиссерской интерпретации классики." *Классика и современность*. М.: Наука.

Соколов, А. (1991). *Судьбы русской литературной эмиграции 1920-х годов*. М.

Солженицын, А. (1994). "Русский вопрос к концу XX века" *Новый мир*, 7. М.

"Социалистический реализм: спорные проблемы." (1988). *Литературная газета*, 13 апреля, 15. М.

Степанян, К. (1992). "Реализм как заключительная стадия постмодернизма." *Знамя*, 9. М.

_____ (1998). "Постмодернизм—боль и забота наша." *Вопросы литературы*, 5. М.

_____ (1999). "Кризис слова на пороге свободы."*Знамя*, 8. М.

Толстая, Т. (1999). 「Сомнабула в тумане」. *Река Оккервиль*. М.

Тульчинский, Г., Уваров, М. "Возможна ли культурология как 'чистая' наука?"

Перспективы метафизики: классическая и неклассическая метафизика на рубеже веков (http://polbu.ru/ tulchinsky_metaphysics/ch09_all.html, 2011.03.20.).

Филатова, Н. (2000). "О бедной науке замолвите слово." *Сегодня*, 16 июня. (http://www.segodnya.ru/w3s.nsf/Archive/2000_128_life_text_filatova1.html, 2011.03.20.).

Флиер, А. (2002). *Культурология для культурологов*. М.: Академический Проект.

Филиппов, А. (2000). "Время Директория." *Известия*, 7 сентября. (http://smotr.ru/pressa/filippov/fil06.htm, 2006.06.05.)

_____ (2001a). "Театр без головы." *Известия*, 7 февраля. (http://smotr.ru/pressa/filippov/fil07.htm, 2006.06.05.)

_____ (2001b). "Спектакль—деньги—спектакль." *Известия*, 8 августа. (http://smotr.ru/pressa/antre_fil.htm, 2006.06.05.)

"Что такое антреприза?"(2005). Разговор с Эльшаном Мамедовым, гендиректором Независимого театрального проекта (http://avtolikbez/ru/?an=publpage&uid=593, 2006.06.10.).

Циликин, Д. (2000). "Один, без друга и сестры." *Русский журнал*, 13 марта. (http://old.russ.ru/culture/20000313_tsilikin-pr.html, 2009.01.30.)

Чубайс, И. (1998). *Россия в поисках себя*. М.

Эткинд, А. (2001). "Новый историзм, русская версия", НЛО, 47. М. (http://magazines.russ.ru/nlo/2001/47/edkin.html 2011.03.25.).

Benedetti, J. (1999). "Stanislavsky and the Moscow Art theatre 1898—1938." *A History of Russian Theatre*. Cambridge: Cambridge Univ. Press.

Beumers, B. (1998). "Performing Culture: Theatre", *Russian Cultural Studies*. Ed. by

Catrina Kelly and David Shepherd. Oxford Univ. Press.

Borovsky, V. (1999). "Russian Theatre in Russian Culture." *A History of Russian Theatre*. Cambridge Univ. Press, pp. 6-17.

Dodin, L. (2005). "Reflections and Memories", *Journey Without End*. Trans. by Oksana Mamyrin. London: Tantalus.

Dondurei, D. (1996), B. "Artistic Culture." *Russian Culture at the Crossroads*. Univ. of Nevada-Las Vegas: Westview press.

Epstein, M. (1995). *After the furure*. Amherst : The Univ. of Massachusetts Press,

Lipovetsky, M. (1999). *Russian postmodernist fiction: Dialogue with Chaos*. New York: M. E. Sharpe.

Ogibina, A. (2005). "Platonov Observed: Rehearsal Notes", *Journey Without End*. Trans. by Anna Karabinska. London: Tantalus.

Peacock, D. K. (1999). *Thatcher's Theatre: British Theatre and Drama in the Eighties*. Westport: Greenwood Press

Shevtsova, Maria. (1997). "Resistance and Resilience: an Overview of the Maly Drama Theatre of St. Petersburg." *New Theatre Quarterly*, Vol. XIII, 52(November).

_____ (2004). *Dodin and the Maly Drama Theatre: Process to Performance*. London: Routledge.

_____ (2005). *Fifty Key Theatre Directors*. London: Routledge.

Smeliansky, A. (1999). *The Russian Theatre after Stalin*. Cambridge: Cambridge Univ. Press.

Williams, D. ed.. (1999). *Collaborative Theatre: The Theatre du Soleil Sourcebook*. London: Routledge.

(설문조사)

МАСМИ, (2005). Анализ театральной аудитории на основе исследований компании Nestle (TM NESCAFE Gold) : 네스카페 후원, 조사기관 마스미 주관으로 2005년 2월 19~22일에 걸쳐 모스크바의 주요 10개 극장, 즉 황금마스크페스티벌에 참여한 5개(푸쉬킨극장, 체홉므하트, 루나극장, 볼쇼이극장, 사티리콘) 극장과 참여하지 않은 5개(타간카극장, 렌콤, 소비에트군대극장, 현대희곡학교, 스페라) 극장의 관객 500명을 대상으로 실시

(인터뷰)

2006년 1월 28일, 모스크바: 마야코프스키 극장(Театр им. Вл. Маяковского)의 상임연출가 율리 김(Юлий Ким)

2006년 2월 1일, 모스크바: 니키트스키 바로트 극장(Театр У Никитских ворот)의 예술감독 마르크 로조프스키(М. Розовский)

2006년 5월 27일, 서울: 극단 코러스의 예술감독 함영준

찾아보기

ㄱ

게르첸　52, 196

고골　63, 82, 88, 133~135

고르바초프　36, 116, 181

고전의 무대화　80~83, 88, 91, 110~112, 117, 131, 133, 135, 136, 146

공식문화　24, 116, 118, 160

그로스만　89, 90

그로이스　26, 28~33

그리보예도프　68, 134

글라스노스트　131

기티스　113, 130

긴카스　82, 93, 94, 125, 136, 154

ㄴ

네미로비치-단첸코　86, 110, 113, 158

네베지나　83, 93~98, 100, 101, 111, 113

네오모더니즘　32, 34

ㄷ

다른 문학　39, 45, 47

다비도바　84

다성악　90, 93, 201

대서양주의　18, 19, 49

대화주의　32, 34, 35, 201

도스토예프스키　39, 45, 47, 59, 63, 69, 75, 78, 80, 82~93, 96, 97, 99, 101~103, 105, 107, 108, 110~115, 133~136, 196, 206

도진　91, 93, 125, 136, 142, 143, 145, 151, 154, 155~157, 161~178, 180

데레보　124, 143, 149

드미트렙스카야　162

ㄹ

라스콜리니코프　60, 63, 87, 92, 94~101, 111, 114

라스푸틴　42, 127

「러시아 악의 꽃들」　40

레르몬토프　63, 64

레퍼토리극장　117, 128~130, 149, 152, 153

렌콤　122, 134, 136, 143~145, 149

「로만」　41

로자노프　53, 76

로조프　91, 92, 127

로조프스키　93, 94

로트만　185, 200~202

루나차르스키　90

류비모프　82, 85, 91~93, 95, 103, 114, 115, 122, 125, 136, 148, 159

리오타르　35, 50

리포베츠키　26, 32~35, 45, 46

ㅁ

마카닌　43, 46, 56, 57, 59, 60, 64, 65, 71, 76, 77

말리극장　113, 123, 125, 134, 137, 143, 154, 155, 161, 162, 164, 169, 170

망명문학　22, 23, 47, 50, 197

모더니즘　22, 25, 26, 29, 31~35, 38

문학장　19, 22, 36, 47, 48, 50, 80, 199

문학중심주의　52, 182, 197, 204

문화정체성　19, 25, 116~119, 138

모스크바 개념주의　26~28

모스크바예술극장　86, 87, 94, 121, 148, 158

문화기호학　185, 187, 201, 202

문화연구　26, 183, 185, 187~189, 194, 195, 204

문화철학　184, 187, 206

뮐러　18

미학적 다원주의　25, 36, 46, 47, 55

므하트　121, 122, 126~129, 133, 134, 137, 142~145, 149, 159, 171

ㅂ

바빌렌　70, 71

바흐친　90, 91, 96, 114, 185, 200~202, 206, 208

반미학　27, 41

범슬라브주의　18

베르쟈예프　30

보드리야르　39, 68, 78

볼로냐협약　192, 193

볼쇼이극장　123, 125, 128, 142, 149

브레히트　152

브룩　110, 154, 155, 164, 178

비공식 문화　122

비토프　28, 45

빌라르　152

ㅅ

사회주의 리얼리즘　23, 25~39, 47, 54, 116, 131, 158, 189, 197

서구주의자　18, 49

사미즈다트　22, 23, 54

산문연극　166, 170, 174

셰프초바　152, 164, 167, 173

소로킨　27, 39, 41

「소비에트 문학의 추도식」　37

소브레멘닉   115, 122, 134~136, 143~145, 158

소츠-아트   24, 26~29, 32, 33, 38

솔제니친   20, 42, 49, 54, 63

시뮬라크르   30, 31, 34, 39, 67, 68, 71, 73, 74, 78

신사실주의   42, 43, 45, 46, 55, 56, 76

스코로파노바   67

스멜랸스키   83, 157, 161

스타니슬라프스키   87, 125, 130, 144, 148, 158, 159, 161, 164, 168, 171, 172, 177, 179

스탈린   29~31, 33, 37, 54, 116, 118, 149, 160, 172, 174, 175

스테파냔   45, 46, 62

스트렐러   152, 154

슬라브주의자   18, 49

ㅇ

아게쉬니크   57, 62

아르치바셰프   82, 83, 101~111, 136

아방가르드   28, 29, 31, 34, 38, 46, 81, 118, 124, 133, 147

아브라모프   169, 171, 172, 180

「안개 속의 몽유병자」   40

알료샤   91, 102, 104, 106~111, 114

앙상블   151~155, 157~159, 161, 164,
165, 167, 169~173, 176~178

『언더그라운드』   56, 76

『언더그라운드, 혹은 우리 시대의 주인공』   43, 55, 56

연극-집   154, 155, 157~159, 161, 163, 164, 167, 177~179

연극-학교   117, 125, 128, 131, 148, 154, 155, 157, 161, 177, 179

에프로스   91, 92, 136, 148

엔터프라이즈극장   128~130, 145

예로페예프, 빅토르   28, 37, 39, 40 ,47

예르몰라예프   122

예프레모프   121, 133, 159

예프투셴코   117

엡쉬테인   26, 30~33, 39

오스트로프스키   82, 88, 115, 133~135, 179

유라시아주의   18~20

은세기   23, 47, 196

이바노프   23, 89, 185

이반   57, 102~111, 114, 115

ㅈㅊ

자바드스키   91, 93

자슬라프스키   108, 126, 127

젠킨   199, 200

『죄와 벌』　59, 84, 87, 93, 94, 98, 101, 113, 114

지하인간　56, 57

지하문학　22, 38, 47, 50, 197

지라르　70, 79

체홉　63, 82, 87, 88, 111, 121, 133~136,

ㅋ ㅌ

「카라마조프씨네」　83, 101~104, 111, 134

『카라마조프 형제들』　78, 82, 86~88, 91, 101~103, 114

카오스모스　32, 34

크르이모바　162

타간카　82, 92, 115, 122, 149, 159

타타르스키　52, 65~68, 70~75

토프스토노고프　91, 136, 148, 159

톨스타야　28, 39, 40

톨스토이　53, 82, 87, 134, 196

툴친스키　187

ㅍ

파스테르나크　22, 24, 54, 63, 66

페레스트로이카　22~24, 36, 37, 119, 171

페트로비치　43, 52, 56~65, 71, 74, 75, 77, 95, 97

페트루셰프스카야　43, 44, 76

펠레빈　39, 65, 66~68, 71, 74, 77, 78

포멘코　82, 94, 113, 114, 125, 136, 154

포스트리얼리즘　46, 65

포스트모더니즘　24~26, 28~35, 38, 39, 42, 43, 45, 46, 50, 55, 56, 65, 74, 77, 78, 93, 133, 194, 199

폴루닌　124, 142, 143, 149

푸쉬킨　45, 63, 72, 82, 88, 129, 133, 136, 149

푸틴　17, 80, 119, 207

『'P' 세대』　55, 65, 67, 74

필라토바　186

필립포프　128

ㅎ

하이퍼-리얼리티　30

학문장　181~183, 196~198, 203~205

헌팅턴　49

「형제자매들」　143, 151, 154~157, 162, 163, 166, 169~172, 174, 175, 178

호모 소비에티쿠스　37